지은이 알레산드라 마스트란젤로
대학에서 문학을 전공하고 1991년부터 공공도서관에서 일했습니다. 현재도 여전히 도서관에서 여러 업무를 맡고 있으며, 독서 장려 사업과 문서 수집에 많은 관심을 가지고 있습니다.

그린이 알레그라 알리아르디
그래픽 디자이너이자 일러스트레이터로 다양한 도서, 잡지, 일간지 작업에 참여하고 있습니다. 2009년 파비아 일러스트레이션 페스티발에서 올해의 젊은 일러스트레이터 상을 수상했습니다.

옮긴이 황지영
어린 시절과 청소년기를 이탈리아에 거주하며 보냈습니다. 대학에서 상담과 사회복지를 공부하고 국제기구와 사회복지법인에서 일했습니다. 현재 전문 번역가로 활동하고 있습니다.

세계 음식 백과사전

1판 1쇄 발행 2019년 12월 30일
1판 4쇄 발행 2023년 12월 4일

지은이 알레산드라 마스트란젤로 | 그린이 알레그라 알리아르디 | 옮긴이 황지영

펴낸이 윤상열
기획편집 최은영 김민정
디자인 최미순
마케팅 윤선미
경영관리 김미홍
펴낸곳 도서출판 그린북
출판등록 1995년 1월 4일(제10-1086호)
주소 서울시 마포구 방울내로11길 23 두영빌딩 302호
전화 02-323-8030~1 | **팩스** 02-323-8797
이메일 gbook01@naver.com
블로그 greenbook.kr

GUSTO MONDO
Copyright ⓒ 2018 SLOW FOOD EDITORE S.r.l. via Audisio, 5 12042 Bra (Cn)
Phone +39 0172 419611 editorinfo@slowfood.it www.slowfoodeditore.it

Korean Translation Copyright ⓒ 2019 by Greenbook Publishing Co.
This Korean Language Edition is published by arrangement with Slow Food Editore through The Agency Sosa

이 책의 한국어판 저작권은 에이전시 소사를 통해 Slow Food Editore와의 독점 계약으로 그린북에 있습니다.
저작권법에 의해 한국 내에서 보호를 받는 저작물이므로 무단 전재와 무단 복제를 금합니다.

ISBN 978-89-5588-935-2 73380

* 잘못된 책은 구입하신 곳에서 바꾸어 드립니다.
* 이 책의 국립중앙도서관 출판도서목록(CIP)은 e-cip홈페이지(http://www.nl.go.kr/ecip)에서 이용하실 수 있습니다. (CIP제어번호 : 2019051507)

어린이제품안전특별법에 의한 표시
품명 어린이 도서 **제조국** 대한민국 **사용연령** 8세 이상 **주의사항** 책 모서리에 다치지 않도록 주의하세요

세계 67개 나라 음식 문화 대탐험!

세계 음식 백과사전

알레산드라 마스트란젤로 글 | 알레그라 알리아르디 그림 | 황지영 옮김

그린북

목차

아시아와 오세아니아

대한민국	6
중국	8
일본	12
타이	16
베트남	18
필리핀	20
인도네시아	22
인도와 파키스탄	24
스리랑카와 방글라데시	28
이란	30
이스라엘과 팔레스타인	32
레바논	36
오스트레일리아	38
뉴질랜드	40

아메리카

캐나다	44
미국	46
멕시코	50
베네수엘라, 콜롬비아, 에콰도르	54
페루와 볼리비아	58
브라질	60
아르헨티나와 칠레	62

유럽

스페인	66
포르투갈	68
프랑스	70

영국	72
독일	74
네덜란드	76
덴마크와 노르웨이	78
스웨덴과 핀란드	80
폴란드, 슬로바키아, 체코	82
루마니아와 헝가리	84
이탈리아	86
세르비아, 크로아티아, 보스니아헤르체고비나	88
알바니아와 불가리아	90
그리스	92
터키	94
우크라이나, 벨라루스, 몰도바	96
러시아	98

아프리카

모로코	102
알제리와 튀니지	104
이집트	106
세네갈과 나이지리아	108
케냐와 소말리아	110
에티오피아와 에리트레아	112
남아프리카공화국과 마다가스카르	114

세상의 모든 빵	116
세상의 모든 음료	118
세상의 모든 향신료	120

대한민국

산간, 평야, 해안 등 지형과 기후가 다양한 한국은 지역별로 다양한 음식 문화가 발달했어요. 대부분의 지역에서 벼농사를 짓고, 밥을 주식으로 먹어요. 밭농사를 주로 짓는 산간 지역에서는 감자, 옥수수도 많이 먹어요. 삼면이 바다로 둘러싸여 해산물이 풍부하게 나고, 생선 회와 해산물 요리를 즐겨 먹어요. 또 사계절이 뚜렷하여 시기별로 다양한 채소와 과일이 나지요. 김치, 젓갈, 간장 등 발효 음식이 발달했으며, 매운 맛을 좋아하는 사람이 많아 고추를 음식 재료로 많이 써요.

아침 식사

많은 사람들이 밥과 국, 간단한 반찬으로 집에서 아침 식사를 해요. 달걀 프라이는 바쁜 아침의 단골 반찬이지요. 밥 대신 빵이나 샌드위치, 시리얼과 우유를 먹는 사람들도 많아요.

점심 식사

모든 학생들은 학교에서 급식을 해요. 영양사가 설계한 학교 식단은 영양소를 고루 갖춘 데다 맛도 있지요. 직장인들은 대부분 점심을 사 먹어요. 어떤 식당에 갈지 날마다 행복한 고민을 하지요. 집에서 먹는 것처럼 평범한 밥과 여러 가지 반찬을 주는 **백반**도 인기 있어요.

저녁 식사

온 가족이 둘러앉아 밥과 국, 반찬을 먹어요. **김치찌개**, **된장국**, **미역국**, **콩나물국**은 모든 집 밥상에 자주 등장하는 음식이지요. 채소, 달걀, 생선, 고기 등 다양한 재료로 반찬을 만들어 먹고, **김치**는 매 끼니마다 빼놓지 않고 먹어요. 집에서 요리해 먹는 대신 밖에서 사 먹는 사람들도 많아요. 집에서는 먹기 힘든 삼계탕, 냉면, 파스타 등 특별한 음식을 주로 먹지요.

즐겨 먹는 식재료

주식인 쌀은 떨어지지 않도록 늘 저장해 둬요. 콩을 발효시켜 만든 **된장**, **고추장**, **간장**도 한국 음식을 요리하는 데 꼭 필요한 재료예요. 자주 쓰는 양념 채소인 파, 마늘, 양파, 고추도 대부분의 집 냉장고에 늘 있을 거예요. 물론 김치도요.

오늘은 어떤 요리?

김치
한국인의 밥상에는 김치가 빠지지 않아요. **배추김치, 열무김치, 동치미, 깍두기** 등 재료와 만드는 법에 따라 다양한 김치가 있어요. 지역마다 김치 맛도 조금씩 다른데, 북쪽 지역에서는 양념을 많이 하지 않은 싱겁고 시원한 김치를, 남쪽 지역에서는 젓갈과 같은 양념으로 만든 감칠맛 나는 김치를 즐겨 먹어요.

된장국
된장을 물에 풀고 두부와 여러 가지 채소를 넣어 끓인 국. 어떤 재료를 넣느냐에 따라 맛이 조금씩 달라요.

콩나물국
멸치 육수에 콩나물과 새우젓을 넣고 끓인 국.

미역국
한국 사람들은 생일날 미역국을 먹어요. 미역이 주재료지만 고기, 멸치, 조개 등 식성에 따라 국물 맛이 달라요.

비빔밥
밥과 여러 가지 익힌 채소를 한 그릇에 넣고 고추장과 함께 비벼 먹는 음식

설렁탕
소의 뼈와 내장, 고기를 푹 삶아서 만든 국. 소고기가 귀하던 옛날, 커다란 솥에 끓여 여러 사람이 함께 나누어 먹던 음식이지요.

불고기
소고기나 돼지고기를 양념에 재워 놓았다가 구워 먹거나 끓여 먹는 요리.

삼겹살
돼지의 삼겹살 부위를 준비하여 식사할 때 즉석에서 구워 먹어요. 보통 상추에 싸 먹어요.

삼계탕
인삼, 대추, 찹쌀과 함께 닭을 통째로 푹 익힌 음식. 더위에 지친 몸을 보호하려고 여름에 많이 먹어요.

냉면
메밀 반죽으로 면을 뽑아 차갑게 식힌 고기 육수에 말아 먹기도 하고, 매콤한 양념에 비벼 먹기도 해요.

장아찌
채소를 간장이나 소금물에 담가 오랜 시간 숙성시켜 먹는 음식. 마늘, 양파, 깻잎 등 다양한 재료로 만들 수 있어요.

굴비
조기를 소금에 절여서 말렸다가 구워 먹어요. 한국 사람들이 좋아하는 생선 요리 중 하나예요.

순대
돼지 곱창에 선지와 갖은 야채, 당면을 넣어 찐 음식.

짜장면
중국에서 건너 한국식으로 변형된 달콤 짭조름한 국수.

김밥
김 위에 밥과 달걀, 햄, 채소를 올리고 돌돌 만 음식. 소풍 갈 때 도시락으로 싸 가요.

떡볶이
쌀이나 밀가루로 만든 손가락 크기의 떡을 매콤달콤한 양념과 함께 끓여 먹는 음식. 간식으로 많이 먹어요.

한국에는 명절이나 생일, 결혼식 같은 잔칫날, 또는 특별한 행사가 있는 날에 떡을 해서 이웃과 나누어 먹는 풍습이 있어요. **백설기, 송편, 절편, 인절미** 등 재료와 만드는 방법에 따라 종류가 다양하지만 주재료는 쌀이에요. 쌀을 찧어 다른 재료와 함께 쪄서 만들어요. 콩이나 팥으로 만든 달콤한 **고물**을 속에 넣기도 하고 겉에 묻히기도 해요.

요건 몰랐지?

굴비는 냉장 시설 없던 옛날, 한꺼번에 많이 잡히는 조기를 오래 보관하기 위해 개발된 전통 저장법이에요. 굴비 여러 마리를 끈에 매달아 말리면서 하나씩 하나씩 아껴 먹었던 귀한 음식이지요. 굴비라는 이름은 고려시대 신하 이자겸이 지었다고 전해져요. 전라남도 영광으로 유배된 이자겸이 말린 조기를 임금에게 진상품으로 올리면서 '굴비'라고 했는데, 비록 귀양살이를 하고 있지만 자신의 뜻을 '굴복하지 않겠다'는 뜻이지요.

중국

중국 요리는 세계에서 가장 중요하고 세련된 요리 중 하나예요.
광활한 영토를 가진 중국은 기후와 지리적 특성에 따라 먹는
음식과 특산물이 달라요. 그리고 요리마다 아주 오래된 전통을
간직하고 있지요. 음식은 중국에 있는 수많은 민족들의 전통에서
온 것이기 때문에 중국 요리'들'이라고 해야 옳을 거예요.
오늘날에는 과거 중국 왕실이나 지배층에서 먹었던 음식부터
서민들이 지역별로 먹었던 음식들이 섞여 있어요. 그래서 중국
음식을 구별하기 위해서는 지역에 따라 다른 요리법, 사용하는
재료, 특유의 굽는 방식 등을 알아야 해요.

북방 요리(베이징 요리)

산둥, 허난, 베이징

고기 소비량이 많은 지역으로 특히 양고기와 돼지고기를 많이 먹어요.
쌀은 덜 먹는 편이고 국수, 만두, 팬케이크, 크레이프, 찐빵 같은 밀가루
음식을 많이 먹어요. 다른 지역보다 굽는 시간이 길어서 생선 수프나 두부 외에도
프라이팬에 구운 고기나 꼬치 구이를 많이 볼 수 있어요. 해안 지역에는 갑각류가
풍부해서 매운 간장 소스를 뿌린 새우튀김 등을 즐겨 먹어요. 이 지역의 차가운 기후는
야채를 오래 보관하고 버섯을 말리며 고기를 훈제하는 방법을 터득하게 했죠.
이곳에서 탄생한 **베이징 카오야**는 꿀 소스를 바른 베이징식 오리 요리로
세계에서 제일 유명한 중국 음식 중 하나예요. 공식적인 식사 자리에서
자주 먹는 요리이기도 하죠.

동방 요리(상하이 요리)

푸젠, 장시, 저장, 상하이

동쪽 토양은 아주 비옥해서 과일과 야채가 풍부해요. 빠르게 조리할 수 있는
해물과 생선 요리에 야채를 곁들여 먹어요. 모든 재료를 웍(바닥이 둥근 팬)
에 볶거나, 간장을 넣고 졸이거나, 데치거나, 대나무 찜통에 찌는 조리법을
쓰지요. 이 지역의 특산물로는 돼지고기가 있어요. 맛이 풍부하고,
매운 맛을 즐기며 기름을 많이 사용하는 것이 특징이에요.

중부 요리(난징 요리)

후난

산이 많은 지역으로 뛰어난 품질의 쌀을 재배해요.
매운 소스가 들어간 영양가 높은 음식과 고기 요리, 복잡하고
오랜 조리 시간이 이곳의 특징이에요. 또 추운 계절에도 먹을 수 있는
호두, 밤, 말린 생선, 절인 야채, 훈제한 고기를 많이 활용해요.

서방 요리(쓰촨 요리)

쓰촨

뜨거운 여름과 온화한 겨울이 있는 농업 지역이에요. 후추와 고추가
특히 유명해요. 긴 조리 시간, 강하고 매운 맛, 신맛, 달고 짭짤한
맛을 좋아해요. 버섯, 간장, 마늘, 생강을 많이 사용해요.

남방 요리(광둥 요리)

광둥

광둥 요리는 가장 잘 알려진 요리예요. 가장 창의적인(제비집, 메뚜기,
뱀, 개구리 발, 거북이처럼 무시무시한 재료를 찾아 사용하기도 해요)
요리이고, 유럽과 미국, 호주에 사는 대부분의 중국인들이 광둥
출신이기 때문이죠. 이러한 이유로 다른 나라 사람들은 모든 중국인들이
이런 음식만 먹는다고 생각하는 경향이 있어요. 열대기후는 중국 음식의
필수 재료인 쌀 재배가 원활하게 이루어지도록 해 줘요.
다른 재료들은 보통 잘게 썰어서 웍에 볶거나 증기에 쪄요.
쓰촨처럼 많은 향신료를 사용하지 않지만 새콤달콤한 맛과
맛있는 소스를 좋아해요.

철학이 있는 음식

모든 중국 음식에는 '음'과 '양'의 원리가 있어요. 예를 들면
맥주, 게, 오리, 콩, 과일은 음에 속해서 갈증을 풀어 주고, 축축하고
부드러운 소고기, 커피, 훈제하거나 튀긴 생선, 매운 음식은 양에 속해서
따뜻하게 해 줄 수 있어요. 하지만 쌀, 당근, 비둘기, 복숭아처럼 음양 즉
중성일 수도 있어요. 사람도 음 체질이면 차분하고 내향적이지만 양 체질이면
활동적이고 감정을 솔직하게 표현하죠. 이 철학에서는 음식의 효능이 그것을
먹는 사람과 충돌하는지 혹은 조화를 이루는지에 따라 달라진다고 생각해요.
이 두 가지 요소가 균형을 이루어야 훌륭한 요리예요. 색감, 풍미,
농도, 기본이 되는 맛(짠맛, 신맛, 쓴맛, 단맛, 감칠맛)뿐만 아니라
재료의 약효 면에서도 균형을 이루어야 하죠.

아침 식사

지리적 조건, 지역 전통, 사용 가능한 식재료에 따라 아침에 먹는 음식이 달라요. 점심과 저녁에 먹는 것과 비슷하게 익힌 음식, 따뜻하고 짭짤한 요리를 선호해요.

식탁에는 우유와 유제품을 찾아보기 힘들어요. 대다수의 중국인들이 유당 불내증(우유에 든 유당 성분을 소화시키지 못하는 증상)이 있기 때문이에요. 대신 **더우지앙**(두유)에 발효된 반죽을 길쭉하게 튀긴 **유타오**나 **더우화**(두부)를 먹어요. 북부에서는 두부에 고기를 넣어 짭짤하게 만들거나 남부에서는 생강과 설탕시럽을 넣어 달게 만들어 먹기도 해요. 북부 지방에서는 따뜻한 국수 **미엔티아오**를 자주 먹고 남부 지방에서는 쌀국수 **미펀**을 먹어요.

중국 어느 지역에서든 맛볼 수 있는 음식으로 **쫑쯔**가 있는데 찹쌀 주먹밥 안에 고기, 생선 또는 야채, 콩, 달걀 노른자, 연꽃 씨를 넣은 거예요. 재료를 대나무 잎사귀에 싼 후 쪄서 먹죠. 같은 재료가 들어가는 **바오쯔**는 밀가루로 만든 찐빵이나 만두를 말해요. 속이 비어 있는 것은 **만토우**라고 하며 육즙이 많이 들어 있는 것은 **탕바오**라고 해요. 옥수숫가루로 만든 **워터우**도 있어요.

점심과 저녁 식사

식탁에 둘러앉아 모든 요리를 한꺼번에 펼쳐놓고 먹어요. 젓가락을 사용하기 때문에 음식은 잘 썰어져 있거나 한입에 먹을 수 있는 크기죠. 전통적인 상차림은 국이나 탕 하나, 면이나 밥 종류, 야채 요리 하나, 고기나 생선 요리 두 개 정도로 구성돼요. 식사 전후로 녹차를 마시지만 식사 중에는 국만 먹어요. 국은 숟가락을 쓰기보다 그릇째 들이키죠. 연료가 부족했던 옛날부터 음식을 잘게 썰어 빠르게 굽는 방식이 정착되었어요. 중국에서는 음식을 아주아주 잘게 써는 것이 예술에 가까운 일이 되었지요. 중국 요리가 복잡한 이유는 각각 따로 손질한 재료를 합쳐서 만든 음식이 많기 때문이에요.

차

차는 정말 중요해요. 중국은 세계에서 차를 재배하고 마시기 시작한 첫 번째 지역이며 오늘날에도 이 풍습은 널리 퍼져 있지요. 많은 중국인들이 찻잎, 뜨거운 물이 담긴 보온병, 거름망을 항상 가지고 다녀요. **녹차**가 가장 인기 있지만 **홍차**, **백차**, **황차**도 즐겨 마셔요. 서양의 바, 펍처럼 중국의 다관은 차를 마시는 만남의 장소예요.

딤섬

일요일 아침에 친구들과 만나 딤섬을 먹는 문화가 있어요. **딤섬**은 차를 마시는 동안 적은 양으로 가볍게 즐길 수 있는 음식이에요. 보통 새우나 돼지고기를 넣은 찐만두, 고기와 양배추를 넣은 군만두 **궈티에**, 연잎에 싼 찹쌀밥, 식초에 절인 야채, 오리발이나 닭발, 달콤하고 폭신한 떡 **쳰청가오** 중에 선택하지요.

오늘은 어떤 요리?

만두
중국 사람들은 안에 무언가가 들어간 음식을 굉장히 좋아해요. 중국 만두 **쟈오쯔**는 익히는 방식에 따라 구분해요. 삶거나 찌거나 달걀물을 입혀 구울 수 있고 보통 **두반장**에 찍어 먹어요. **훈툰**은 고기나 새우가 들어가는 만두인데 더 얇은 피로 빚어요. 삼각형 모양으로 튀기거나 육수에 넣어 먹어요.

국수
국수는 전 세계에 알려진 대표적인 중국 음식 중 하나예요. 고기, 생선, 야채, 훈툰을 넣어 끓이는 **라오몐**과 채소, 간장을 넣고 볶은 볶음면 **차오몐**이 있어요.

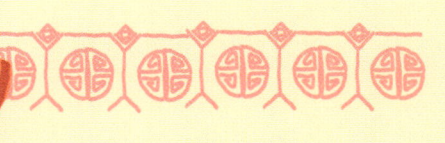

용의 구름
중국어로 **샤빙**이라고 하는 가장 많이 알려진 간식 중에 하나예요. 다진 새우와 타피오카 전분을 반죽해 건조시켜 놓았다가 튀긴 음식이에요.

스프링롤
중국어로 **춘쥐안**이라고 부르는 스프링롤은 세계에 가장 많이 알려진 요리로 원래는 광둥 지역 요리예요. 전채 요리나 디저트로 먹지요. 이런 이름이 붙여진 것은 중국의 춘절에 해당하는 봄 축제 기간에 이 음식을 먹기 때문이에요. 반죽은 크레페와 비슷하고 다른 롤에 비해 크기가 작으며 바삭해요. 팥을 넣으면 달콤해지고 고기나 야채를 넣으면 짠맛이 강해져요.

볶음밥
중국뿐 아니라 세계적으로 유명한 **차오판**은 수백 가지 방식으로 만들 수 있어요. 기본적으로는 야채, 돼지고기 혹은 닭고기가 들어가요.

고기
슈메이는 꼬치에 끼워 구운 고기를 말해요. 가장 잘 알려진 요리는 **차슈**로 돼지고기를 큰 꼬챙이에 끼워 화덕이나 불에 직접 구워 설탕, 꿀, 향신료, 간장 등을 뿌려 먹어요. **로우메이**는 삶은 내장이고 **스쯔터우**는 상하이에서 먹는 미트볼 조림으로 사자 머리라는 뜻이에요. 돼지고기 반죽으로 빚은 완자와 죽순, 두부를 육수에 끓여 만들어요. **훙사오러우**는 돼지 뱃살에 생강과 다른 향신료, 마늘, 고추, 간장, 설탕, 술을 넣고 구운 요리예요.

디저트
보통 신선한 과일이나 **탕수이**라 부르는 달콤한 수프로 식사를 마무리해요. 검은깨 크림이 들어간 **즈마후**, 팥죽과 비슷한 **훙더우사**, 고구마와 아몬드나 호두가 들어가는 디저트도 있지요. **웨빙**은 광둥 전통 음식으로 가을 중추절에 먹는 음식이에요. 팥이나 연꽃 씨 반죽을 속에 넣고 경우에 따라 소금에 절인 오리알 노른자도 들어가요.

함께 즐기는 요리
자차이는 쓰촨 지방 음식이에요. 자차이라는 채소의 뿌리와 고추를 넣고 절여서 만들지요. 쓰촨 지방을 상징하는 음식 중 **훠궈**도 강렬한 맛을 자랑하죠. 식탁 중앙에 놓인 커다란 냄비에 매운 향신료가 가득한 육수가 펄펄 끓으면 각자 원하는 재료를 담가 먹어요. 고기, 버섯, 야채, 달걀, 해산물, 만두 등이죠. 냄비 안에는 좀 더 작은 그릇이 들어 있는데, 여기에 참기름을 끓여요. 모든 재료를을 참기름 소스에 찍어 먹지요.

일본

동양의 다른 나라들과 사뭇 다른 요리를 맛볼 수 있어요. 하지만 중국을 비롯한 다른 문화권의 영향도 받았어요. 일본 음식은 지역에 따라 큰 차이는 없고 요리를 선보이는 방식이 조금씩 달라요. 식탁에 아무렇게나 놓는 법이 없지요. 계절에 맞는 식재료를 사용하고 재료 본연의 맛을 살리기 위해 향신료 사용은 자제하는 편이에요.

아침 식사와 간식

아침 식사는 전통식 혹은 서양식으로 먹어요. 전통식은 점심 식사와 비슷한 구성으로 찐밥(때론 달걀을 얹어서), **미소시루**(일본식 된장국), **두부**, 날생선이나 훈제한 생선, **쓰케모노**(채소 절임), **타마고야키**(정사각형 팬에 구운 계란말이)로 차리죠. 서양식 아침은 우유, 커피, 핫초코, 주스, 시리얼, 버터와 잼을 바른 토스트, 달걀을 먹어요.

간식은 오야츠라고 하는데, **오카시**라는 과자를 많이 먹어요. 또는 잘게 썬 문어에 반죽을 입혀 전용 틀에 넣고 구운 **타코야키**를 즐기죠. 길거리 간식으로는 다진 돼지고기가 들어간 찐빵, **니쿠만**이 있고 따뜻하게 요리해서 소금을 살짝 뿌려 씹어 먹는 풋콩, **에다마메**가 있어요.

즐겨 먹는 식재료

해조류는 국, 샐러드에 넣고 스시를 감싸는 재료로도 사용해요. **김**, **다시마**, **미역**이 가장 보편적이지만 다른 종류도 많이 먹어요. 또 흰콩을 발효시켜 만든 다양한 재료를 사용해요. **두부**, **유부**, 끈적한 질감과 독특한 냄새를 지닌 **낫토**, 고릿한 냄새가 나는 **템페**, 육수와 소스에 풍미를 더하는 **미소** 등이 있어요.

점심과 저녁 식사

집에 있으면 국수 한 그릇으로 간단하게 점심을 먹어요. 학교와 회사에 가는 사람들은 칸이 나누어져 있는 **벤토**라는 도시락을 싸 가요. 흰쌀밥, 생선 또는 고기, 소금에 절인 채소나 익힌 채소를 주로 준비하죠. 포장 음식도 많이 먹는 편이에요. 길거리에서는 김에 싼 삼각형 주먹밥, **오니기리**를 먹는데 그 속에는 **우메보시**라는 새콤한 맛의 매실 절임이 들어 있어요.

저녁은 전통식으로 식당, 바 또는 노점, 집에서 먹어요. 상차림은 보통 밥이나 국, 세 가지 반찬으로 구성해요. 반찬은 날것일 때도 있고 절이거나 여러 방법으로 요리한 것들도 있어요. 증기에 찐 것, 그릴에 구운 것, 식초를 넣은 것, 끓이거나 튀긴 음식이죠. 요리는 상에 올리는 순서가 아닌 조리 방식이나 역할에 따라 구분해요. 요리 이름에서 바로 알 수 있어요. **야키**로 시작하는 것은 볶은 것, **모노**로 끝나는 요리는 곁들여 먹는 것, **사시미**는 날것을 뜻해요.

식당도 요리에 따라 전문점이 있어요. **스시야**는 초밥과 회 전문점이고 **소바야**는 메밀국수 등 면류를 파는 곳, **라멘야**는 라멘 전문점, **오니기리야**는 참치나 명란젓 등이 들어간 주먹밥 전문점이에요. 젓가락을 사용하기 때문에 잘게 썬 음식이나 한입에 먹을 수 있는 크기가 많아요. 국은 숟가락을 사용하지 않고 그릇째 바로 마시며, 맛있다는 표현으로 후루룩 소리를 내요.

화과자는 디저트를 일컫는 포괄적인 단어예요. 작은 조각, 쫀깃한 식감, 너무 달지 않은 맛이 특징이죠. 찹쌀과 팥과 해초에서 추출한 한천을 사용하기 때문에 부드럽고 젤리 같은 식감을 느낄 수 있어요. **모찌**는 찹쌀을 동그랗게 빚은 떡으로 설탕이 들어간 팥소를 넣어서 만들어요. **안미츠**는 해초에서 추출한 젤라틴에 과일즙을 섞어 주사위 모양으로 만든 디저트로, 팥과 과일 조각을 곁들여 먹어요. **당고**는 쌀가루와 찹쌀가루를 둥글게 빚어 꼬치에 끼운 화과자이고, **도라야끼**는 폭신한 팬케이크 두 장 사이에 팥소를 넣은 과자예요. 팥은 가장 오래된 디저트 중 하나인 **양갱**의 주재료이기도 해요. 양갱 속에는 감, 밤, 고구마 혹은 무화과를 넣기도 해요. 디저트는 차와 함께 즐겨요. 일본에서는 차를 즐겨 마셔요. 차를 끓여서 권하는 예의범절 '다도'를 중요하게 여기지요. 제일 유명한 차는 **말차**예요. 고운 가루로 만든 잎에 뜨거운 물을 부으며 대나무 찻솔로 저어 주면 맛있게 마실 수 있어요. 연둣빛 거품이 있는 이 아름다운 차는 맛도 매우 좋아서 아이스크림이나 떡, 케이크 등의 재료로도 활용하고 있어요.

오늘은 어떤 요리?

돈부리
만들기 쉬운 가정식으로 다양한 조리법이 있어요. 고기, 야채 또는 육수에 끓인 생선 등을 터뜨린 달걀과 함께 흰쌀밥 위에 올려서 먹어요. 가장 많이 알려진 **규돈**은 소고기, 양파가 들어간 덮밥이에요.

야키니쿠
식탁 가운데 불판을 놓고 고기와 채소를 숯불에 구워 먹어요.

오므라이스
닭고기를 넣은 볶음밥을 달걀로 감싼 요리. 케첩으로 재밌는 글을 써서 장식할 수 있어요. 어린이들이 매우 사랑하는 음식이에요.

야키토리
닭고기와 내장을 꼬치에 끼워 간장 소스를 바른 다음 숯불에 구운 요리.

고베 소고기 스테이크
고베 소고기는 부드러운 육질 때문에 세계적으로 유명해요. 특별한 식단과 마사지로 송아지를 사육하는 것이 비법이라고 해요. 그래서 고베 소고기는 정말 비싸답니다.

오뎅
주로 겨울에 먹는 음식이에요. 고기, 생선 살, 달걀, 야채, 두부 등으로 만들어 간장으로 맛을 낸 생선이나 다시마 육수에 오래 끓여요. 오뎅은 매운 일본 겨자 소스인 **네리가라시**에 찍어 먹어요.

나베모노
일본인들이 즐겨 먹는 특별한 냄비 요리예요. 식탁 가운데 놓인 냄비에 고기, 생선, 해물, 야채 등 각자 원하는 재료를 담가 익혀 먹어요.

일본을 대표하는 음식

스시
밥(쌀을 씻고 쪄서 식초, 소금, 설탕을 뿌려요), 회, 미역, 채소(단무지, 아보카도, 오이, 흰콩, 매실 절임 등), 계란말이나 매추리알로 만든 음식이에요. 속에 들어가는 재료는 익히거나 소금에 절인 것, 날것 그대로 사용할 수 있고 밥 위에 얹거나 김에 말아 다시 밥으로 싸거나, 유부에 넣을 수 있어요. 스시마다 모양, 속에 들어가는 재료, 장식이 다 달라요. **마키**로 끝나는 것들은 동그랗게 만 롤, 김밥을 말하고, **니기리**는 손으로 만든 주먹밥이에요. **소유**라고 하는 간장에 초록색 고추냉이로 만든 **와사비**를 조금 풀어 찍어 먹어요. 초밥을 먹을 때에는 틈틈이 식초에 절인 생강, **가리**를 같이 먹어요.

라멘
닭고기, 돼지고기, 생선, 다시마, 표고버섯, 양파, 미소 혹은 간장을 넣고 만든 육수에 삶은 면 요리예요. 요리사의 마음에 따라 다른 재료를 추가할 수 있어요. 돼지고기, 양배추, 다, 생강이 들어간 만두를 찌거나 구워서 곁들여 먹어요.

사시미
익히지 않은 생선 혹은 해산물을 얇게 썰어 간장 소스와 **미소시루**를 곁들여 먹는 음식.

덴푸라
가볍고 바삭한 오징어, 생선, 야채 튀김. 무를 갈아서 간장을 넣고 만든 튀김 소스, **덴쓰유**에 찍어 먹어요.

카레
19세기 중반, 인도 식민지 시대에 영국인들이 들여온 요리. 일본에서는 국민 요리로 생각할 만큼 전역에서 즐겨 먹어요.

국과 면
국은 **가쓰오부시**(가다랑어포)와 다시마로 맛을 내요. **스이모노**(생선이나 조개를 넣은 맑은 국)와 **미소시루**를 육수로 많이 쓰지요. **소바**는 메밀로 만든 국수를 국물에 넣은 요리로 아주 빨리 먹을 수 있어요(여름에는 차갑게 겨울에는 뜨겁게 만들어요). 아주 간편한 음식이라 기차역에 있는 자판기에서도 사 먹을 수 있지요. **우동**도 국물이 있는 요리이지만 밀가루 면이 들어가요. **야키소바**는 가장 사랑받는 면 요리로, 나들이 가서도 휴대용 가스레인지에 만들어 먹을 정도예요. 밀가루로 만든 국수에 야채, 고기를 넣고 웍이나 철판에 볶아요.

요건 몰랐지?
복어는 위협을 느낄 때 몸을 공처럼 부풀려 가시를 세우는 생선이에요. 인간에게 치명적인 독을 갖고 있기 때문에 아주 능숙한 요리사들만 복어를 먹을 수 있는 음식으로 손질할 수 있어요. 값도 매우 비싼데도 많은 사람들이 복어 요리를 먹어 보는 위험을 기꺼이 감수한답니다.

타이

세계에서 가장 큰 쌀 생산국 중 하나인 타이는 동남아시아에 있어요. 타이 요리는 북부, 북동부, 중남부와 수도인 방콕 주변 지역까지 크게 네 개 지역으로 분류할 수 있어요. 재료(예를 들어 쌀국수)뿐만 아니라 조리법, 굽는 방식, 무엇보다 튀기는 방식에서 주변 나라, 특히 중국의 영향을 많이 받았어요. 태국 전통 요리는 맵지만 균형을 이룬 식재료의 조합을 보여 줘요.

아침 식사

어떤 음식으로든 하루를 시작할 수 있지만 전통적으로 가장 많이 먹는 것은 **쪽**이라고 하는 죽이에요. 돼지고기 완자, 달걀, 생강, 대파, 간장, 후추, 볶은 쌀국수가 들어가요. **빠똥꼬**(쌀로 만든 죽)에 도넛이나 **남떠후**(두유)를 넣고 검은깨와 바질을 뿌려 먹기도 해요. 아침에 먹는 밥에는 **카이찌여우**(오믈렛), **카오 느 무핑**(돼지고기 꼬치), 고수·찹쌀을 넣고 생선 액젓에 절인 **카이양**(닭고기 구이)을 같이 먹어요. 또 **카이 루악**(반숙 달걀)과 홍차 혹은 커피를 먹기도 해요. **카오똠**이나 바나나튀김 같은 간단한 요리도 식탁에서 쉽게 볼 수 있어요. 카오똠은 아침으로 먹는 돼지고기 수프를 말하며 때로는 바나나잎으로 싼 떡을 가리키기도 해요.

점심과 저녁 식사

타이 요리는 간단해 보이지만 단맛, 짠맛, 쓴맛, 신맛의 균형을 항상 유지해요. 함께 먹는 접시에 음식을 담아서 포크와 숟가락을 사용해요. 재료가 이미 썰어져 있기 때문에 칼은 사용하지 않아요. 단품 요리로는 소스를 곁들여 먹는 밥, 수프, 스튜나 **카엥**(카레), 고기나 야채, 생선 볶음이 있어요. 기본이 되는 몇 가지 음식은 쌀이나 쌀국수 요리, 수프, 카레, 샐러드, 볶음 요리, 튀김, 그릴에 굽거나 증기에 찐 요리, 소스와 육수, 와삭와삭 씹어 먹는 간식과 디저트가 있죠. 가장 대중적인 수프로는 **꾸웨이띠여우무댕**(육수에 돼지고기, 숙주, 양파, 쌀국수가 들어간 수프)과 **똠똘카카이**(닭고기, 코코넛밀크, 허브, 향신료로 만든 수프)가 있어요. 고기 요리로는 **팟크라파오**(바질과 고추로 간을 한 다진 돼지고기 또는 닭고기 볶음밥), **팟씨유**(넓적한 쌀국수, 고기, 카이란, 달걀, 간장을 넣고 볶은 요리)와 **팟푹통카이카이**(다진 고기, 튀긴 호박, 달걀로 만든 요리)가 있고 흰쌀밥을 곁들여 먹어요.

오늘은 어떤 요리?

전통 음식
팟타이는 두부, 새우, 달걀, 생선 액젓, 라임, 땅콩, 타마린드, 고추를 넣어 볶은 쌀국수예요.
똠얌은 새우와 생선 액젓을 넣은 매운 수프로 레몬그라스 때문에 특유의 신맛이 나요.
쏨땀은 라임, 고추, 생선 액젓이 들어간 그린파파야 샐러드예요.

샐러드
많은 종류가 있지만 샐러드 종류는 크게 세 가지로 나눌 수 있어요. 해산물이 들어간 샐러드, 쌀국수가 들어간 샐러드, 고기가 들어간 샐러드죠. 마늘, 라임, 야자설탕, 고추, 말린 새우, 생선 액젓을 넣은 **땀** 외에도 야채, 허브, 과일, 쌀국수로 만든 **얌**이 있어요. **랍**은 구운 찹쌀, 고기, 라임, 생선 액젓, 고추, 설탕을 넣어 만들어요. **쁠라**에는 돼지고기나 소고기, 새우, 레몬그라스, 민트가 들어가요.

밥
카오팟은 집에서 가장 많이 먹는 음식으로 닭고기, 새우, 달걀, 양파, 마늘, 고추, 간장, 생선 액젓을 넣은 볶음밥이에요. 기본 재료 외에도 재료를 더 추가할 수 있어요. 이름을 보면 재료가 무엇인지 알 수 있죠. **카오팟 무**(돼지고기), **카오팟 마쁘라오**(코코넛), **카오팟 쌉빠롯**(파인애플)처럼요.
카오소이는 달걀 국수 수프로 코코넛밀크와 향신료를 넣어 만들어요.

즐겨 먹는 식재료
다양한 빛깔의 혼합 향신료를 즐겨 사용해요. 색깔에 따라 풍미와 매운 맛의 정도가 다르죠. 고추, 코코넛밀크, 닭고기와 두부가 들어간 **깽끼오완**(그린 카레), 말린 빨간 고추, 코코넛밀크가 들어가 고기 요리에 어울리는 **깽핏**(레드 카레), 강황과 코코넛밀크가 들어간 **깽까리**(옐로 카레)가 있어요.

모든 곳에 과일이!
다른 동남아시아 나라와 마찬가지로 태국에서도 아침부터 과일을 먹어요. 특이한 모양과 놀라운 맛의 과일들은 요리 재료로도 쓰지요. **두리안**은 가시가 돋은 껍질과 코를 찌르는 냄새 때문에 대중교통에 들고 탈 수 없어요. 하지만 달콤하고 부드러운 과육 때문에 한번 중독된 사람은 헤어날 수가 없지요. 그 밖에 용과, 구아바, 망고스틴, 포멜로, 람부탄, 망고가 있어요.

요건 몰랐지?
700년 전부터 타이에서는(하지만 일본도 원조라고 주장해요) 장식용으로 채소나 과일을 조각했다고 해요. 꽃, 새, 곤충이 작품 주제가 될 때가 많지만 상상력에는 한계가 없지요.

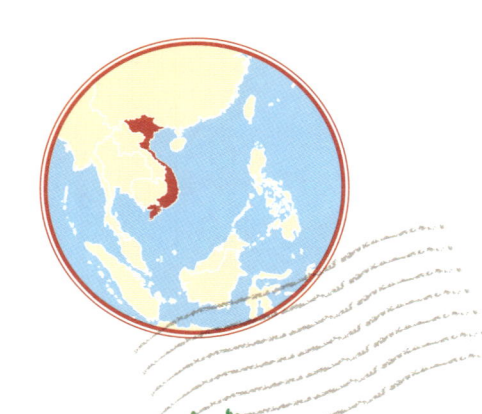

베트남

국경을 맞대고 있는 중국의 영향을 가장 독창적으로 재해석한 베트남 요리는 세계에서 가장 세련된 요리 중 하나로 손꼽혀요. 북부와 남부의 기후가 달라 음식 문화도 차이를 보여요.

아침 식사

다른 나라들과 구별되는 베트남식 아침의 특징은 버터, 요거트, 치즈와 같은 유제품을 찾아볼 수 없다는 거예요. 강한 맛의 **퍼** 같은 음식으로 하루를 시작해요. 퍼는 제일 유명한 베트남 음식으로, 돼지고기와 소고기(또는 돼지고기와 닭고기) 육수에 허브, 고기, 라임, 고추를 넣은 쌀국수예요. 쌀국수 요리에는 다양한 **분**도 있어요. 가장 대중적인 요리는 **분짜**인데 돼지고기 완자, 신선한 야채를 넣고 만들어요. 튀긴 생선이 들어간 **분까**와 달팽이가 들어간 **분옥**, 소고기가 들어가는 **분보**도 있어요. 노점에서는 다양한 빛깔의 **쏘이**를 만나볼 수 있어요. 쏘이는 찹쌀밥에 땅콩, 콩, 옥수수, 메추리알이나 달걀을 넣은 음식이에요. 학교에 가면서 밥을 먹는 아이들의 아침 식사 메뉴 중 하나죠. **카페쯩**은 달걀 노른자와 설탕, 연유를 섞어 먹는 커피예요.

점심과 저녁 식사

가족과 함께하는 식사에는 증기에 찐 흰쌀밥에 생선, 고기 또는 **두부**, 볶은 음식, 생야채, 찌거나 절인 야채, **칸**(맑은 국), **느억맘**(생선 액젓)을 비롯한 다양한 소스를 차려 먹어요. 야채와 새싹, 과일, 콩이나 과일로 만든 떠먹는 디저트, **체**도 빠질 수 없죠. 모든 요리는 식탁 중앙에 놓고 같이 먹지만 밥그릇은 각자 따로 있어요. 초록빛 파파야나 망고로 만든 샐러드, **고이두두**는 전채 요리로 즐겨 먹는 음식이에요. 당근, 새우, 소고기, 채소를 섞어 만들고 여기에 매운 소스를 부어 먹죠. **놈호아추오이**는 파파야나 망고에 바나나 꽃, 민트, 라임을 넣은 샐러드예요. **반뗏**은 바나나잎에 찹쌀, 녹두, 돼지고기를 넣고 삶은 후 썰어 먹는 떡이에요.

오늘은 어떤 요리?

껌밥
짭짤한 쌀밥과 구운 돼지갈비, 생야채, 달걀에 생선 액젓을 곁들여 국물과 함께 먹어요.

미꽝
강황이 들어가 넓적한 쌀 면에 허브, 돼지고기(또는 소고기, 닭고기, 새우), 땅콩 가루를 넣고 육수와 비벼 먹는 국수.

분보후에
레몬그라스, 생선 액젓을 넣은 소고기 쌀국수.

고이꾸온
면, 고기, 새우, 야채를 아주 얇은 라이스페이퍼에 싼 음식이에요. 따로 익히지 않고 돌돌 말아서 바로 먹어요.

코
고기, 생선 또는 두부, 생선 액젓과 코코넛밀크를 넣은 스튜. 약불에 오래 끓여서 만들어요.

넴쟌
다진 돼지고기를 라이스페이퍼에 싸서 튀긴 요리예요.

차카라봉
베트남 북부에서 먹는 전통 요리로 강황, 레몬, 생강, 절인 생선에 쌀가루를 입혀 튀긴 음식이에요. 허브나 라임을 뿌려 면을 곁들여 먹어요.

반미
빵 안에 고기나 야채를 넣어 만든 샌드위치. 베트남이 프랑스 식민지였던 시절의 영향으로 빵은 바게트 모양이에요.

반쿠온
새우, 돼지고기, 콩, 허브를 얇은 쌀가루 반죽에 싸서 찐 음식이에요.

요건 몰랐지?

베트남 요리는 숫자 5와 관련된 철학, 종교 신념과 관련이 있어요. 매 식사마다 다섯 가지 맛(신맛, 쓴맛, 단맛, 짠맛, 매운맛)의 음식이 있어야 하는데 다섯 가지 필수적인 자연 요소인 공기, 물, 흙, 불, 하늘을 생각하고 존중하기 위해서예요. 이러한 균형은 음식뿐만 아니라 몸의 장기(쓸개, 위, 소장, 대장, 비뇨기관), 색깔(초록, 빨강, 노랑, 흰색, 검은색), 감각(시각, 촉각, 청각, 후각, 미각), 필수 영양소(탄수화물, 지방, 단백질, 미네랄, 물)에도 반영되어 있어요.

미엔
뱀장어, 게, 닭고기 혹은 거위 고기를 우려낸 시큼한 육수에 해초와 타피오카 전분으로 만든 면을 넣은 **국수**.

필리핀

필리핀 요리에는 다른 나라와 교류하며 흡수한 다양한 문화가 들어 있어요. 중국의 영향을 가장 많이 받았지만 스페인과 미국의 영향도 받았죠. 이 나라에서는 버리는 재료가 없어요. 동물의 모든 부위를 버리지 않고 각각 다른 요리에 사용하죠.

아침 식사와 간식

아침 식사는 **실록**이라고 하는 단품 요리를 기본으로 해요. 실록에는 달걀과 쌀밥이 꼭 들어가요. 소고기가 들어가는 **탑실록**, 소시지가 들어간 **론실록**, 돼지고기가 들어간 **톡실록**, 생선이 들어간 **방실록**이 있어요. 찹쌀과 카카오로 만든 죽, **참포라도**도 많이 먹는 음식이에요. 또 **판데살**이라는 빵을 커피에 찍어 먹거나 땅콩잼, 과일잼, 치즈를 발라 먹어요.

오후에는 간식을 먹는 문화가 있어요. 늦은 오후에 먹으면 거의 저녁이 되지요! 커피와 함께, 설탕과 치즈를 뿌린 빵 **엔사이마다**나 찹쌀로 만든 **쿠친타**를 먹어요. 고기가 들어간 **엠파나다**나 코코넛 가루와 치즈를 뿌린 떡 같은 **푸토**도 간식으로 많이 먹어요. **디누구안 앗 푸토**는 돼지고기 스튜나 중국식 만두와 같이 먹는 푸토를 말해요. **풀루탄**은 스페인의 타파스와 비슷한 애피타이저예요. 조금씩 맛볼 수 있는 요리들로 내장 튀김, 돼지 귀와 곁들여 먹는 두부 **톡왓 바보이**가 있지요.

점심과 저녁 식사

최근에는 손으로 먹는 습관이 자리 잡고 있지만 포크와 숟가락을 쓰고 그 끝을 칼처럼 사용하기도 해요. 점심과 저녁에는 밥을 많이 먹어요. 고기나 생선, 식초에 절인 야채, 마늘, 월계수잎, 간장, 후추를 넣은 스튜, **아도보**를 먹을 때 밥과 함께 먹죠. 또 **치킨 이나살**은 라임, 후추, 식초에 절인 닭고기에 간장, 고추, 칼라만시(감귤나무와 금귤나무의 교배 열매) 즙을 뿌려 그릴에 구운 요리예요. 여기에도 밥을 곁들여 먹어요. 아도보와 치킨 이나살은 필리핀을 대표하는 요리예요.

오늘은 어떤 요리?

이사우
매우 대중적인 길거리 음식으로 돼지고기나 닭고기 내장을 삶아 그릴에 구운 후 식초, 양파, 향신료 소스를 뿌린 요리예요.

판싯
간장, 야채, 돼지고기, 생선 또는 새우가 들어간 볶음 쌀국수. 식당과 노점에서 사 먹을 수 있는 음식이에요.

시오마이
중국 만두와 비슷한 음식으로 고기, 새우, 야채가 들어가요. 간장과 깔라만시 소스를 뿌려 먹고 노점에서는 튀긴 시오마이를 간식거리로 판매해요. 중국의 영향을 받은 **쇼파오**는 호빵 같이 생긴 음식인데 만두처럼 소가 들어 있어요.

카레카레
돼지 고기와 내장 수프로 땅콩 소스와 양파를 넣어 단맛을 더한 음식. 쌀을 넣으면 더욱 포만감을 주는 요리가 되지요.

우코이
달걀, 감자, 새우, 향신료, 야채와 다양한 종류의 콩이 들어간 부침개.

토크네넹
삶은 계란에 반죽을 입혀 튀긴 음식. 매추라기알 튀김은 **퀵퀵**이라고 불러요.

시니강
향신료 열매 타마린드가 들어간 고기와 야채 스튜.

할로할로
아이스크림, 간 얼음, 우유, 콩, 사탕수수 열매, 코코넛 젤라틴, 바나나, 망고를 넣고 만든 빙수.

요건 몰랐지?
다른 동남아시아 나라들처럼 노점에서 튀기거나 꼬챙이에 끼운 식용 곤충을 파는 걸 쉽게 볼 수 있어요.

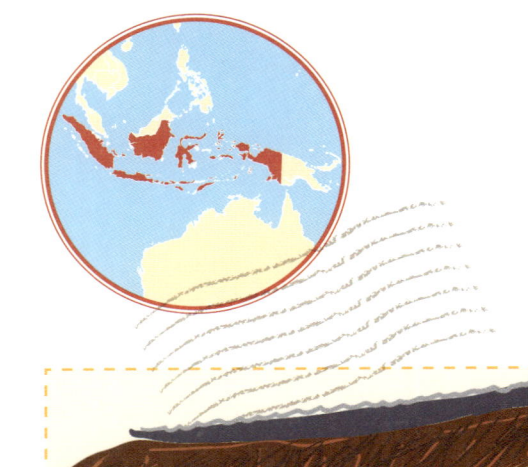

인도네시아

인도네시아는 풍부한 천연자원 덕분에 많은 나라들과 교역을 할 수 있었어요. 이런 교류는 인도네시아 문화에도 영향을 끼쳤지요. 수천 개의 섬으로 이루어진 이 나라는 지역마다 풍습도 다양하지만 음식에 사용하는 공통된 재료들이 있어요. 또 인도와 중국 요리에서 영향을 받은 조리법도 많이 있지요. 동남아시아의 모든 나라처럼 쌀을 일상적으로 먹고, 고추와 여러 가지 향신료를 절구에 빻아 기름에 볶은 **삼발** 소스를 곁들여 먹어요. 삼발 소스는 재료에 따라 300개가 넘는 종류가 있어요.

아침 식사와 간식

아침에 먹는 음식은 다른 식사 때와 비슷하게 항상 쌀이 주인공이에요. 인도네시아 사람들이 첫 끼니로 가장 좋아하는 조합으로는 쌀·닭고기·두부·새우 칩을 넣고 만든 죽, **부부르 아얌**과 참치나 다른 생선·달걀·고기가 들어간 노란 쌀밥, **나시 쿠닝**이 있어요. 바삭바삭한 간식과 귀여운 디저트 종류도 굉장히 많아요. **자잔 파사르**는 시장에서 파는 달콤한 간식을 말해요. 쌀가루나 코코넛 가루로 만든 반죽을 튀기거나 찌거나 구워서 만든 형형색색의 과자지요.

점심과 저녁 식사

점심때 먹었던 음식이 저녁 식탁에 다시 오르는 경우가 많아요. 남은 요리를 데워서 삼발 소스를 곁들이고 카사바칩, 쥐포, 새우튀김, 닭 껍데기, 소 힘줄 등 와삭와삭 씹어 먹을 수 있는 음식과 함께 먹어요. 쌀은 달콤하고 짭짤한 음식에 곁들여 먹기도 하지만 **나시 고렝**(찐 밥에 닭고기, 야채, 새우, 새우젓, 간장, 샬롯, 마늘을 넣고 볶은 요리)과 **나시 짬뿌르**(찐 밥에 야채, 땅콩, 고기, 달걀을 곁들인 요리)와 같은 인도네시아 대표 음식의 가장 중요한 재료이지요. 타피오카 전분 또는 쌀가루에 생선 살을 섞어 만든 튀김 과자, **크루푹**도 인도네시아 전역에서 먹어요. 또 다른 대표 음식으로는 **가도가도**가 있어요. 레몬즙, 참기름, 꽃양배추, 숙주나물, 콩, 샬롯을 같이 볶아서 만들어요. 채식 요리도 발달했어요. 고기를 대체하는 재료로 **두부**와 **템페**가 있지요. 템페는 콩을 여러 단계에 걸쳐 발효시킨 음식이에요.

오늘은 어떤 요리?

소또
수프류를 일컫는 포괄적인 단어로 노점을 뜻하는 와룽에서 가장 많이 판매되는 음식이에요. 가장 사랑받는 수프는 닭고기가 들어간 **소또 아얌**이에요.

렌당
향신료를 넣어 아주 맵게 만든 고기 스튜예요. 오랫동안 불에 끓여서 물기가 없어질 때까지 졸여요. 한번 잘 만들어 놓으면 몇 주 동안 먹을 수 있는 요리예요.

뚬뻥
음식 몇 가지를 한데 모아 놓은 요리예요. 중앙에 바나나잎으로 덮은 대나무 그릇에 코코넛밀크와 강황을 넣어 만든 밥을 원뿔 모양으로 쌓고 그 주위에는 **우랍**(찐 야채와 코코넛 가루로 만든 샐러드), **스므루**(고기 스튜), **템페 오렉**(튀긴 두부와 감자, 구운 닭고기로 만든 요리)을 놓아요.

리히스타플
'쌀 테이블'이라는 뜻의 네덜란드어에서 유래한 단어예요. 고기, 생선, 야채, 다양한 쌀밥 요리와 **삼발**이 준비된 풍성한 뷔페를 말해요. 인도네시아 사람들은 네덜란드 식민지 지배 시절에 대한 기억 때문에 그리 좋아하지 않지만 네덜란드와 남아프리카에서는 많이 활용하고 있지요.

론똥
바나나잎에 싸서 찐 주먹밥.

끄뚜빳
야자 순을 땋아 싼 사각형 모양의 주먹밥. 끄뚜빳을 열어 안에 있는 밥을 **사떼**라고 하는 고기 꼬치나 **렌당**이라는 스튜와 같이 먹어요.

미고렝
중국의 영향을 받은 음식으로 새우, 고기, 배추, 토마토가 들어간 **볶음 국수**. 노점부터 고급 식당까지 어디에서나 맛볼 수 있는 요리랍니다.

사유르 로드
코코넛으로 맛을 낸 영양가 높은 수프로 가지, 피망 같은 야채를 잘게 썰어 넣어요.

굴라이
코코넛밀크가 들어간 많은 요리 중 하나예요. 코코넛밀크는 인도네시아와 동남아시아에서 가장 많이 사용하는 재료 중 하나죠.

인도네시아에서는 **타로**를 자주 먹어요.
타로는 감자처럼 덩이줄기를 먹고,
시금치처럼 잎사귀도 먹어요.

즐겨 먹는 식재료

인도네시아 요리에서 과일은 아주 중요한 역할은 담당하고 있어요. 풍부한 맛 때문에 과일은 그 자체로 완벽한 요리가 되지요. 망고, 스타프루트, 패션프루트, 아보카도, 타마린드, 구아바, 리치 외에도 음식에 들어가는 과일이 수십 가지 더 있어요. 디저트나 **마니산**(조림)으로 먹기 원한다면 과일을 말리거나 바삭한 칩으로 튀겨요. 식료품 저장실에는 이 밖에도 쌀, 카레에 쓰이는 온갖 종류의 향신료, 고추, 코코넛, 땅콩 소스, 타마린드, 레몬그라스, 야자설탕이 있어요.

요건 몰랐지?

동남아시아의 다른 나라들처럼 귀뚜라미, 흰개미, 유충 등의 곤충을 먹어요. **크리픽**(튀겨서 바삭한 간식)으로 먹거나 **름뻬엑**(튀김과자)의 재료로 쓰기도 해요.

인도와 파키스탄

인도와 파키스탄 요리는 아주 오래된 전통을 가지고 있어요. 종교와 철학과도 깊이 연결되어 있지요. 두 나라에는 세계에서 가장 많은 채식주의자들이 살고 있어요. 힌두교는 소고기를, 이슬람교는 돼지고기를 금하고 있지요. 인도는 지역에 따라 먹는 음식이 매우 달라요. 기본적으로 쓰는 식재료는 과거에 포르투갈, 영국, 페르시아인들과 교류한 나라답게 매우 다채롭죠. 인도 북부에서는 **비리야니**, **탄두리**를 먹어요. 동북부 벵골 지역에서는 생선을 많이 먹고 서부 마하라슈트라에서는 **빈달루 카레**가 유명해요. 남부 타밀나두 지역에는 코코넛밀크, 타마린드, 곡물을 주로 사용하는 매운 요리가 많아요.

공통적으로 먹는 요리

고기
채식주의자가 많지만 고기가 들어가는 요리도 많아요. 향신료가 들어간 카레, **티카**(요거트와 향신료에 절인 닭고기를 꼬치에 구운 요리), **코프타**(양고기 미트볼) 등이 있어요.

향신료
향신료는 요리에 색감을 더할 뿐만 아니라, 살균 작용을 하며, 소화하기 쉽게 만들어 줘요. 인도와 파키스탄에는 어느 음식에든 향신료를 쓰는데, 기본적으로 계피, 고수, 커민, 카다멈, 정향, 후추, 강황이 들어가죠. 말리고 가루로 만들어 **카레**나 **마살라**(혼합 향신료)를 만들고, 물이나 코코넛밀크에 풀어 소스로 먹어요. 집집마다 **마살라**를 만드는 비법을 갖고 있고, 다들 자기 집 것이 최고라고 생각해요.

야채와 쌀 요리
발타는 중동의 **바바 가누쉬**와 비슷한 가지 스튜예요. 주사위 모양으로 썬 토마토, 양파, 생강, 마늘, 커민, 고수잎, 겨자기름을 넣고 만들어요. 이슬람 문화에서 유래한 **비리야니**는 쌀, 달걀, 고기, 생선, 야채, 허브, 향신료를 넣은 음식이에요. **처트니**(과일이나 채소에 향신료를 넣은 소스), **라이타**(요거트 샐러드), 다양한 **카레**를 곁들여 먹어요.

인도와 파키스탄 모두 야채와 과일을 향신료에 절여 보관한 반찬을 먹어요. 또 병아리콩으로 만든 스튜 요리는 **쿨차**라고 부르는 전통 빵과 함께 즐겨요.

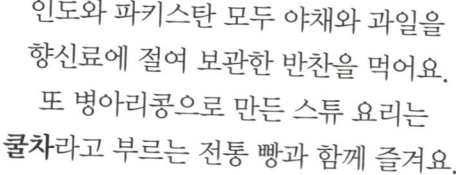

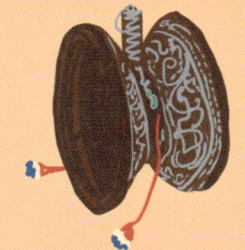

파키스탄

아침 식사

아침 식사에는 항상 빵이 있어요. 설탕, 카다멈, 사프란을 섞어 **시르말**(난 같은 빵)을 만들어요. **쿨차**도 부드러운 빵인데 병아리콩으로 만든 카레, **촐레**와 같이 먹어요. **샤미 케밥**(계란, 병아리콩을 넣은 미트볼)을 먹기도 하고 잔칫날에는 **푸리**라고 하는 튀긴 빵을 **차나마살라**(병아리콩 카레), **할바**(참깨 반죽으로 만든 디저트)와 함께 먹어요. **시리파야**는 소 머리와 족발에 향신료를 넣고 끓인 스튜예요. 어떤 지역에서는 겨자잎으로 만든 소스, **살손 다 사그**에 옥수수빵 **마키 디 로티**를 먹어요.

점심과 저녁 식사

점심에는 메인 요리 하나, 샐러드, 과일 또는 디저트를 먹어요. 생선은 고기(닭고기, 염소 고기, 양고기)보다 덜 먹는 편이에요. 고기는 대개 진흙으로 만든 화덕, 탄두르에 구워서 먹어요. 고기를 넣거나 뺀 **스튜**를 주로 먹고 야채·향신료·콩으로 만든 카레, **달**도 자주 먹어요. 저녁 식사를 가장 중요하게 생각하는데 점심때 먹은 음식과 구성은 크게 다르지 않아요. 쌀은 언제나 핵심 재료인데, 다른 요리에 곁들여 먹기도 하고 향신료와 야채를 섞은 밥 요리, **풀라오**로도 만들어요.

오늘은 어떤 요리?

알루 고스트
고기와 감자 카레

할림
곡물, 콩, 향신료, 고기를 섞은 스튜.

쿨피
인도, 파키스탄의 전통 아이스크림으로 향신료와 과일이 들어가요.

볼티
발티스탄 북부 지역에서 유래한 카레로 고기, 향신료, 마늘, 생강을 넣어 만들어요. 식민지 시절, 영국인들이 고향에 가져가서 큰 인기를 끌었던 음식으로 영국에서도 가장 사랑받는 요리 중 하나죠.

카라이
닭고기 또는 소고기로 만든 스튜.

니하리
인도에서 유래한 국민 음식으로 소 또는 양 정강이뼈로 만든 아주 매운 스튜예요. 밥을 곁들여 아침부터 먹기도 해요.

차플리 케밥
고기를 소금에 절여 향신료와 야채를 섞은 미트볼 요리.

시크 케밥
다진 고기를 꼬챙이에 끼워 숯불이나 탄두르 화덕에 구운 음식.

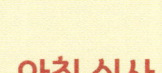

아침 식사

인도에서는 아침 식사를 매우 중요하게 생각해요. **마살라 차이**(커다멈, 정향, 계피로 맛을 더한 밀크티) 또는 커피를 마셔요. 인도를 구성하는 29개 주마다 다른 조리법과 식습관을 갖고 있어요. 하지만 음식이 대체로 짜고 한 종류 이상의 빵을 먹는다는 공통점이 있어요.

북쪽 지역에서 제일 유명한 빵은 **로티**와 **파라타**예요. 남쪽에는 쌀가루, 녹두가루, 호로파 씨앗으로 만든 반죽을 발효해서 얇게 부친 빵, **도사**가 유명하죠. **이들리**는 같은 재료로 반죽해 증기에 찐 빵이에요.

서부에 위치한 마하라슈트라 주에서는 콩을 넣고 만든 진한 카레, **미살 파브**를 먹어요. 여기에는 파브 빵을 곁들이거나 **포하**라고 하는, 쌀 후레이크·야채·소금으로 만든 부드러운 죽을 먹기도 해요. 남부에서는 볶은 세몰리나(듀럼밀 가루)와 향신료로 만든 죽 **우프마**, 납작한 빵을 튀긴 **루치**, 감자·꽃양배추·강황과 다른 향신료로 만든 **알루**를 먹어요.

가장 서쪽에 있는 구자라트 주에서는 쌀과 병아리콩을 쪄서 만든 죽, **도클라**와 얇은 반죽을 돌돌 말아 튀긴 **잘레비 파프다**를 즐겨 먹어요.

남부의 케랄라 주 말라바 해안에서는 쌀가루로 만든 팬케이크, **아팜**을 먹어요. 쌀과 코코넛으로 만들어 찐 **푸투**는 검은 병아리콩으로 만든 카레와 같이 먹어요.

점심과 저녁 식사

가장 중요한 저녁 식사 전에 종종 차와 간식을 먹으며 담소를 나누는 시간을 가져요. 오른손으로 접시에 담긴 음식을 집어 먹거나 **로티**를 숟가락처럼 사용해서 떠먹어요. 정식에는 항상 메인 요리, 사이드 요리, 그리고 야채 요리가 있어요. 예를 들어 고기 한 접시에, **달** 한 접시, **처트니** 혹은 **라이타**를 먹고 빵이나 **비리야니** 같은 밥 종류를 곁들여요. 식사 후에는 **판 마살라**라고 하는 혼합 향신료를 먹는데 입가심과 소화에 도움이 돼요.

오늘은 어떤 요리?

차파티
이스트를 넣지 않고 반죽해 돌 위에 얇게 구운 빵.

빈달루
포르투갈에서 유래한 음식으로 돼지고기 또는 양고기를 와인과 마늘에 절이고 레몬이나 식초를 넣어 신맛을 더한 매운 카레.

코르마
익힌 고기에 요거트, 육수, 향신료를 더한 기름지고 진한 카레.

로티
이스트를 넣지 않은 빵으로 진흙 화덕 탄두르에 구워 **기 버터**를 발라 먹어요.

탄두리
요거트에 절인 고기에 향신료를 뿌려서 붉은색을 띨 때까지 오븐에 구운 요리.

달
렌틸콩 또는 다른 수십 가지 콩으로 만든 카레로 다른 요리와 같이 먹어요.

아차르 또는 데시
과일이나 야채에 향신료를 뿌려 식초나 올리브유에 절인 음식.

파라타
아주 납작하고 둥근 빵으로 **기 버터**를 발라 팬에 구워서 먹어요.

멀리거토니
닭고기, 향신료, 야채로 만든 매콤한 수프로 밥을 곁들여 먹는 남부 지방 전통 음식.

라즈마
빨간 콩으로 만든 스튜. 동부콩으로 만들면 **로비야**라고 불러요.

파차디
요거트, 코코넛, 생강, 커리잎, 겨자를 섞은 것. 다른 음식에 곁들여 먹거나 소스로 쓰고 심지어 음료로도 먹을 수 있어요.

처트니
과일, 향신료, 야채, 설탕과 식초가 들어간 맵고 새콤달콤한 소스. 밥, 고기, 야채에 뿌려 먹어요.

라이타
야채에 요거트와 향신료를 섞은 샐러드로 매운 음식을 먹을 때 함께 먹기 좋아요.

삼바르
야채, 콩, 타마린드를 넣고 끓인 스튜. 길쭉한 모양의 쌀로 지은 밥과 함께 먹어요.

라삼
토마토, 피망, 향신료로 만든 수프.

디저트
세몰리나와 응고된 치즈를 섞어 빚은 떡 같이 생긴 **라스굴라**, 우유 크림에 구워 숟가락으로 떠먹는 **라스 말라이**, 작고 부드러운 과일 케이크 **산디시**, 으깬 밀, 타피오카 전분, 우유, 설탕, 카다멈, 사프란, 피스타치오, 건포도, 캐슈너트 또는 아몬드로 만든 쌀 푸딩, **키르** 같은 전통 디저트가 있어요.

요건 몰랐지?

인도의 자이나교를 따르는 사람들은 매우 엄격한 채식주의자예요. 그들은 감자, 고구마, 당근 같은 줄기 또는 뿌리 식물도 생명이 있다고 여겨 먹지 않아요.

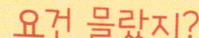

스리랑카와 방글라데시

두 나라는 멀리 떨어져 있지만 쌀을 주식으로 하고, 카레, **달**(렌틸콩, 완두콩으로 만든 카레), **삼볼**(매운 양념)을 즐겨 먹는 공통점이 있어요. 과일과 채소가 들어가 새콤달콤한 맛이 나는 소스, **처트니**도 유명한데 식사 중에 혹은 마칠 때쯤 먹는 음식이에요. **카레**는 향신료를 뿌려 손질한 고기, 생선 혹은 야채를 의미하기도 해요. 요거트나 코코넛밀크, 콩이나 토마토, 양파, 진한 육수를 섞어서 식감이 부드럽죠. 요리의 주된 재료에 따라 기본 향신료(강황, 고수, 커민)에 다른 것들을 추가해요. 스리랑카의 카레는 향신료를 볶기 때문에 짙은 색을 띠는 반면 방글라데시의 카레는 신선한 생선, 겨자, 포피시드(양귀비 씨)를 넣어 밝은색을 띠어요.

스리랑카

남인도에서 가까운 거대한 섬나라로, 요리에서도 인도의 영향을 많이 받았어요. 스리랑카는 향신료 재배에 적합한 기후와 환경 덕분에 몇백 년 동안 많은 나라들과 교역했는데 그중 어떤 나라들로부터는 식민 지배도 받았지요.

아침 식사

아침에(그리고 저녁에는) 쌀가루와 코코넛밀크로 만든 팬케이크, **하퍼스** 또는 **아빰**을 먹어요. 반죽은 바닥이 오목한 냄비에 구워요. 그래서 바닥은 부드럽게 남아 있지만 가장자리는 얇고 바삭하게 올라와서 팬케이크가 작은 접시 모양으로 변신하죠. **스트링호버** 또는 **이디아빰**도 많이 알려진 요리로, 쌀국수를 쪄서 코코넛밀크와 함께 먹는 음식이에요. 물소 우유로 만든 요거트와 **키리밧**(쌀을 코코넛밀크에 익혀 소금을 살짝 넣은 요리)로 아침으로 많이 먹어요.

코코넛과 과일은 디저트의 중요한 재료예요. **피투**는 쌀가루, 신선한 코코넛 가루, 말린 코코넛 가루를 반죽해 쪄서 달콤한 코코넛밀크와 함께 먹는 음식이에요.

점심과 저녁 식사

모든 요리는 한꺼번에 차려 놓고 손으로 먹어요. 쌀은 정말 다양한 종류를 재배하는데 그중에 중요한 품종은 하얗고 부드러운 맛이 나는 **수완델**, 붉은 빛의 **칼루 히나티**, 갈색 쌀로 물에 불려야 하는 **마비**, 자줏빛을 띠는 **파체페루말**, 연한 붉은빛의 **쿠루투다**예요. 렌틸콩은 삶아서 **달**에 넣고 밥과 같이 먹거나 작은 도넛 모양으로 만들어 튀긴 **우룬두 바다이**를 만들어 먹어요.

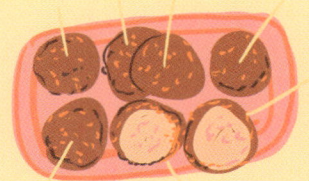

오늘은 어떤 요리?

프리카델스
다진 고기와 코코넛을 넣은 크로켓으로 요거트와 함께 먹어요. 네덜란드에서 유래한 음식이며 오래된 식민지의 유산이기도 하죠.

왐바타 모주
튀긴 가지에 겨자, 피망, 적양파, 설탕, 식초를 뿌린 것으로 밥, 카레와 같이 먹는 음식이에요.

람프라이스
네덜란드에서 유래한 또 다른 음식으로 고기, 쌀, 카레, 계피와 카다멈 같은 향신료가 들어간 음식이에요. 재료는 각각 따로 구워서 바나나잎에 올려 그 상태로 또 한번 구워요.

말룸
병풀 샐러드를 말해요. 병풀은 습기가 많은 곳에서 자라는 풀로 맛은 양배추와 비슷해요. 이것을 잘게 썰어 코코넛 가루, 적양파, 향신료를 섞어 만든 샐러드예요.

방글라데시

가까운 인도와 식민 지배를 받은 영국의 영향을 많이 받았어요. 또한 이슬람교의 규율이 음식 문화에도 엄격하게 적용되고 있어요.

아침 식사

피타는 쌀가루나 다른 곡물로 만든 얇고 납작한 빵으로 구운 야채나 달콤한 재료로 속을 채울 수 있어요. 튀기거나 증기에 찌거나 오븐에 구워서 아침 또는 간식으로 먹어요. 피타는 명절이나 잔칫날에도 많이 볼 수 있는 음식이에요.

점심과 저녁 식사

음식별로 구분해서 맛볼 수 있도록 접시를 구분해서 사용해요. 보통 밥에 고기, 향신료, 야채를 넣어 먹어요. **비리야니**는 방글라데시 음식이지만 인도 전역에서도 맛볼 수 있어요. 육수를 더 잘 흡수할 수 있도록 쌀을 볶아 만든 **필라프 풀라오**도 있어요. 쌀과 렌틸콩을 넣은 **끼추리**를 만들고 고기나 생선 카레 또는 부침개를 곁들여 먹어요. 끼추리는 매우 일상적인 음식이에요. 죽처럼 끓여서 아이들이 젖을 뗄 때 활용하기도 하죠. 민물이나 바다에서 나는 생선도 신선하게 혹은 잘 말려서 먹어요. 생선 알에 소금을 뿌리고 말리는 저장법이 있으며, 생선 머리는 손님에게 대접하는 것이 존중의 표현이라고 해요.

오늘은 어떤 요리?

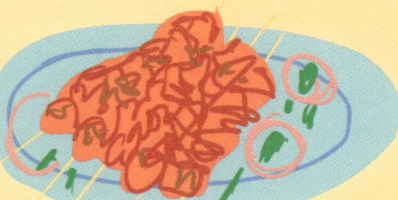

티카
허브와 요거트에 절인 닭고기를 꼬챙이에 끼운 요리. 고기를 요거트와 향신료에 구운 인도의 코르마와 비슷해요.

후츠카
가장 대중적인 길거리 음식 중 하나로 **푸리**라고 하는 동그란 빵에 감자, 병아리콩, 타마린드 소스와 향신료를 넣고 튀긴 요리예요.

일리쉬
대중적인 해물 요리로, 청어와 비슷한 생선을 구워 겨자, 고추, 커민, 강황 소스를 뿌려 먹어요.

마체졸
강황, 생강, 마늘, 감자를 넣은 생선 스튜. 밥과 함께 먹어요.

라스굴라
세몰리나(듀럼밀 가루)와 신맛이 나는 치즈로 만든 반죽을 동그랗게 빚어 설탕시럽에 끓인 음식. 디저트로 먹어요.

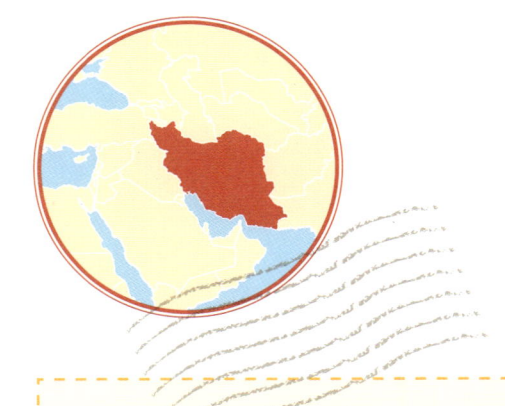

이란

이란은 중동과 러시아, 아라비아 반도와 가까운 곳에 위치하고 있어요. 그래서 오랜 옛날부터 교류가 있었던 다양한 민족들의 문화와 음식이 어우러져 있지요. 또 이란은 기원전 페르시아(이란의 옛 이름)였을 때부터 매우 부유하고 강한 제국이었어요. 이란 음식은 신선한 과일(자두·살구·석류·사과 등)이나 말린 과일(포도·레몬)을 섞은 요리가 많고 고기, 야채, 허브, 향신료(특히 사프란·계피·고추·강황)를 많이 사용해서 단맛, 신맛을 풍부하게 느낄 수 있는 것이 특징이에요.

아침 식사

아침에는 빵, 버터, 잼, 꿀, **사시르**(매우 부드러운 요거트 종류)를 주로 먹어요. 어떤 사람들은 소고기 또는 양고기의 머리·발·내장이 들어간 영양 만점 스튜, **파체**를 먹기도 해요.

점심과 저녁 식사

이란 사람들은 소프레라고 부르는 보자기 한 장으로 잘 차린 식탁의 느낌을 주곤 해요. 가운데 메인 요리를 놓고 그 주변에 애피타이저, 소스, 다른 음식을 놓아요. 다양한 품종의 쌀로 만든 음식을 곁들이지요. 먼저 쌀을 오래 동안 씻어서 소금물에 몇 시간 불린 후 오래 끓인 뒤 마지막으로 증기에 쪄요. **첼로**는 껍질을 벗긴 부드러운 쌀로 만든 밥으로, 버터와 달걀 노른자를 넣어 먹을 수 있어요. 밥에 향신료, 야채, 과일, 고기를 추가하면 **폴로우**라는 요리가 돼요. 밥 대신 먹을 수 있는 **난**도 종류가 굉장히 많아요. **타프툰**은 얇고 부드러운 빵, **산가크**는 돌 위에 굽는 얇은 빵이에요. **라바쉬**는 둥글고 매우 얇은 빵이에요. 과일도 식탁에 빠지는 법이 없어요. 가능하면 신선한 과일을 먹고 그게 어려우면 말린 것을 먹어요. 석류나 당근 주스 또는 **두그**라고 하는 짭짤한 요거트를 먹어요.

오늘은 어떤 요리?

수프
야채 수프 외에도 영양가 높은 다양한 **수프**가 있어요. **아슈**(콩, 허브, 향신료, 고기)와 **보라니**(요거트, 시금치, 사탕무)처럼 차갑게 먹는 것도 있지요.

코레쉬
다양하게 변형시켜 만들 수 있는 스튜로 항상 밥(사프란을 넣은 흰쌀밥)과 다른 재료를 곁들여 먹어요. 가장 유명한 요리로는 **코레쉬 게이메**(양고기, 토마토, 완두콩, 양파, 말린 레몬)와 **코레쉬 페센잔**(닭고기, 호두, 석류알)이 있어요.

돌마
포도잎이나 양배춧잎에 고기, 쌀, 향신료를 넣어 감싼 요리. 돌마는 과일 속에 고기와 다양한 향신료를 넣은 음식을 뜻하기도 해요.

소한
와삭와삭 씹어 먹는 디저트. 맥아, 달걀 노른자, 사프란을 넣고 만들어요.

꼬텁
아몬드를 넣어 튀긴 페이스트리.

콜롬페
대추야자 열매와 카다멈으로 만든 과자

폴로우
하비 폴로우는 당근, 아몬드를 넣고 오렌지 껍질로 물들인 밥이에요. **알바루 폴로우**는 체리로 물들인 밥이지요. **야크니 폴로우**는 다양한 고기가 들어간 밥, **삽지 폴로우**는 야채를 넣은 밥이죠.

카밥
소고기나 양고기 혹은 닭고기 요리로, 수천 가지 방식으로 활용할 수 있어요. 예를 들어 카밥 쿠비데는 소고기 또는 양고기와 파슬리, 양파를 넣고 만든 스튜예요.

쿠쿠
야채, 허브를 넣고 오븐에 구운 달걀찜이에요.

시라즈
오이, 토마토, 양파, 레몬즙을 넣은 샐러드로 요거트, 민트, 마늘로 소스를 만들어 부어 먹어요.

소한 아실리
아몬드, 캐슈너트, 꿀, 사프란이 들어간 바삭한 과자.

갸즈
피스타치오가 들어간 이란식 엿.

이란에서는 손님 대접을 매우 중요하게 생각해요. 각설탕 또는 나바트 추비(사프란 향 설탕을 굳힌 막대)를 곁들인 차 한잔으로 반가움을 표현하죠.

요건 몰랐지?

캐비어는 세계에서 가장 비싼 음식 중 하나로 카스피해에서 많이 잡히는 철갑상어 알을 말해요. 카스피해 남부를 접하고 있는 이란은 캐비어의 주요 생산국 중 하나예요. 상어에서 얻은 알은 껍질을 벗겨 씻은 후 소금에 절여 보관해요.

이스라엘과 팔레스타인

유럽, 아시아, 아프리카가 만나는(늘 평화로운 방법은 아니지만) 아주 작은 지역으로 이곳의 고대 문명과 종교 규율은 많은 요리에도 반영되어 있어요.

공통적으로 먹는 요리

타불레
불구르(밀을 쪄서 말렸다가 빻은 것)에 토마토, 파슬리, 민트, 마늘, 양파, 올리브유, 레몬즙, 소금을 섞은 음식.

라브네
요거트 같이 부드러운 치즈로 타임, 오레가노, 깨를 섞어 만든 양념 **자타르**에 올리브유를 넣은 음식이에요.

사빅흐
피타처럼 부드러운 빵 속에 구운 가지, 삶은 감자, 달걀, 타이나, 야채 그리고 매운 망고 소스 **암바**를 넣은 음식이에요.

뵈레크
치즈, 시금치 혹은 버섯을 넣은 페이스트리.

바바 가누쉬
가지가 부드러워질 때까지 볶아 껍질을 벗긴 다음 빻고 **타이나**(참깨 소스), 허브, 올리브유를 넣은 음식.

후무스
병아리콩을 으깨어 타이나, 올리브유, 마늘, 소금을 넣은 음식이에요. 아침부터 먹기에 좋고 단독으로 즐겨도 맛있어요. 좀 더 든든한 간식으로 먹으려면 콩, 마늘을 다져 튀긴 **팔라펠**이나 양파, 고기, 향신료를 넣고 튀긴 **키베**와 함께 먹는 것을 추천해요.

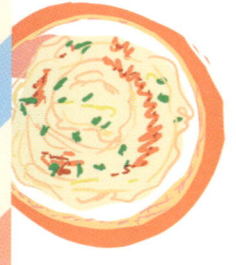

따분 또는 **라파**
아주 얇게 반죽하며 진흙 화덕에 구운 빵. 요리를 감싸서 먹을 때 필요해요.

샥슈카
피망, 토마토, 양파, 마늘을 넣은 스크램블드에그.

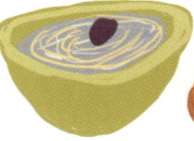 

할라와 바클라바
중동 지역의 전통 디저트. 어디에서나 쉽게 볼 수 있어요.

이스라엘

유대교에서 적합하다고 인정하는 모든 식재료를 코셔라고 해요. 유대교는 돼지고기, 비늘이 없는 생선, 우유를 고기와 섞는 요리, 도살할 때 특정한 규정을 지키지 않은 고기를 금지하고 있어요. 이스라엘뿐 아니라 전 세계 히브리 사람들이 이 규칙을 따라요. 세파르디(스페인·포르투갈·터키·그리스·발칸반도), 미즈라히(시리아·레바논·예멘·이란·북아프리카), 또는 북유럽이나 서양 공동체 특색을 띠는 아시케나지 유대인 등 출신 가문에 따라 음식의 조리법은 조금씩 달라요.

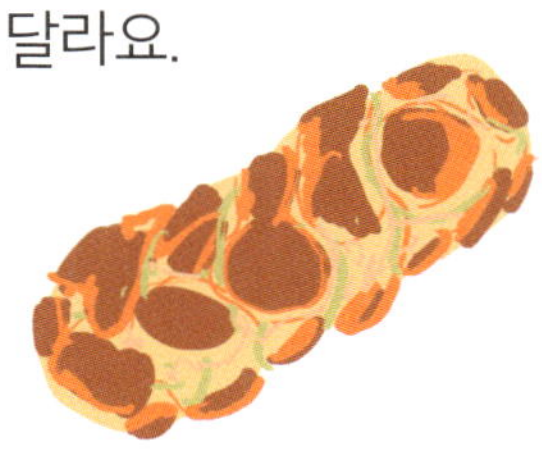

아침 식사

우유, 요거트, 치즈를 주로 먹어요. 소시지와 고기는 없지만 청어, 참치, 정어리, 다양하게 조리된 달걀, 야채, 샐러드, 과일, 주스, 빵, 커피, 홍차가 있어요. 토요일 아침에는 밤새 오븐에 구운 반죽에 삶은 달걀을 곁들인 **자흐눈**과 피망·토마토로 만든 매운 소스, **사하우끄**를 먹어요.

점심과 저녁 식사

하누카, 푸림(부림절) 또는 페사흐(유월절)와 같은 중요한 명절뿐만 아니라 금요일 저녁과 안식일을 뜻하는 샤바트에도 유대인들은 율법을 철저히 지켜요. 안식일에는 머리를 땋은 모양의 빵 **찰라**와 고기·감자·콩·보리가 들어간 스튜, **츌른트**를 먹죠. 전통 유대인들은 이러한 명절에 아무것도 하면 안 되고 심지어 요리도 금지되어 있어요. 이런 규율 때문에 히브리 음식에는 미리 준비해 놓을 수 있는 요리가 많이 있어요.

오늘은 어떤 요리?

무자드라
쌀, 렌틸콩, 볶은 양파를 넣어 만드는 대중적인 요리예요.

쁘띠팅
볶은 밀 요리로 이스라엘의 쿠스쿠스라고 불리지만 조리법은 조금 달라요.

이크라
잉어 알, 올리브, 레몬즙, 양파, 마늘을 섞어 만든 크림소스. 빵에 발라 먹어요.

마부카
토마토, 구운 피망, 올리브유, 마늘로 만든 샐러드. 차갑게 해서 **찰라** 빵을 곁들여 먹어요.

크라이마
오븐에 구운 생선으로 토마토와 커민 소스를 뿌려 먹어요.

겔피테 피시
가장 유명한 이스라엘 요리. 생선, 달걀, 양파, 빵, 향신료를 곱게 다져 육수에 넣고 끓인 음식이에요. 작게 썰어서 애피타이저로 먹어요.

팔레스타인

팔레스타인 영토는 지중해를 내다보고 있는 가자지구(그래서 해산물 요리가 많지요)와 요르단 강 서쪽의 서안지구로 나뉘어 있어요. 팔레스타인 요리는 시리아, 터키, 이라크 음식과 매우 비슷해요.

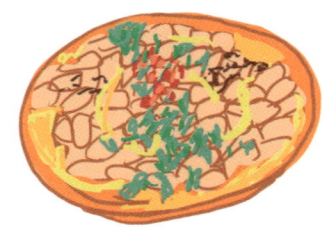

아침 식사

가장 중요한 식사는 아침(가다)이기 때문에 점심(파투르)과 저녁(아샤)에는 가벼운 음식을 먹어요. 민트나 세이지 같은 허브차나 커피는 수시로 마시는 편이에요. 아침에는 빵, 삶은 달걀, 치즈, 토마토, 오이, 소금을 넣은 요거트와 마늘을 먹어요. **풀 무다마스**(으깬 잠두콩에 레몬, 올리브유, 매운 소스를 섞은 음식)나 **마나기쉬**(타임, 치즈 혹은 다진 고기를 넣은 빵)를 먹기도 해요. 즐겨 먹는 디저트로는 치즈를 넣고 달콤한 시럽과 견과류를 뿌린 **카나페**가 있어요. 길거리 음식으로는 고기가 들어간 빵 **샤와르마**와 식초에 절인 야채와 소스 등이 있어요.

더울 때에는 캐롭, 타마린드, 살구 또는 다른 과일로 만든 주스를 먹어요. 대추야자·피스타치오·캐슈너트·구운 해바라기나 호박씨 같은 간식, 과일 주스는 길거리에서 사 먹을 수 있어요.

점심과 저녁 식사

팔레스타인 요리의 핵심 재료는 다양한 음식에 곁들여 먹는 야채와 고기, 수프에 섞어 먹는 쌀이에요. 점심에는 쌀, 고기, 속을 채워 구운 야채를 주로 먹어요. 저녁 식사로는 샐러드, 속을 채운 야채나 고기 혹은 파슬리, 민트, 샬롯을 넣은 **오믈렛**을 선호해요.

오늘은 어떤 요리?

식당에는 다양한 **메제**(전채 요리)를 맛보기 위해 간다고 해도 과언이 아니예요. 친구들과 수다를 떨며 꼬치, 샐러드, 소스에 찍어 먹는 빵, **마시**(속을 채운 야채 요리)를 먹는 재미가 있지요.

무사칸
피자처럼 생긴 음식으로 서안지구에서 특히 많이 먹어요. **따분**(납작한 빵) 위에 구운 닭고기, 볶은 양파, 잣, 슈맥, 사프란을 올려 만드는 요리예요.

키베 나예
팔레스타인 북부 지역에서 많이 먹는 음식으로 다진 고기에 향신료, 곡물, 민트를 넣고 버무려 익히지 않은 채로 먹어요.

마끌루바
쌀, 양고기 혹은 닭고기, 튀긴 채소(특히 가지)를 섞어 오븐에 구운 요리로 요거트, 오이 샐러드, 파슬리, 토마토, 타이나를 곁들여 먹어요.

자브디
생선, 토마토, 마늘, 올리브유, 고추를 도기에 넣고 끓인 스튜요리.

만사프
발효 요거트 소스에 구운 양고기 요리예요. **따분** 위에 사프란이나 강황을 넣고 지은 노란 밥과 함께 올려 염소 치즈 **자미드**를 뿌리고 잣과 아몬드로 장식해요. 잔칫날에 오른손으로 먹는 음식이에요.

수매기예
가자지구에서 먹는 잔치 음식. **슈맥**(옻나무 향신료)을 물에 타서 **타이나**와 밀가루, 볶은 근대, 고기와 콩 스튜, 볶은 마늘, 딜, 고추를 섞어요. 사발에 담아 적셔 먹을 수 있는 빵을 곁들여 식탁에 올려요.

쿱즈
숟가락 역할도 하는 크고 뻣뻣한 빵이에요.

페테
계피 향을 더한 육수에 끓인 쌀 요리로, 버터로 부드럽게 만든 빵과 닭고기 혹은 양고기를 얹어 먹어요. 피망과 레몬 소스를 곁들여 즐겨요.

요건 몰랐지?
메홀리는 남자 아이가 태어났을 때 축하의 의미로 만들어 먹는 음식이에요. 쌀, 코코넛, 잣, 아몬드, 피스타치오, 향신료로 만든 푸딩이지요.

35

레바논

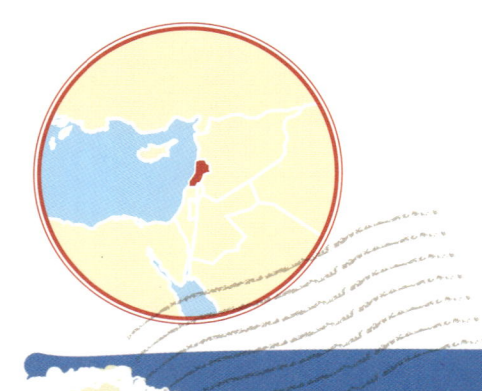

레바논은 중동에서 가장 세련되고 풍성한 요리를 자랑하는 나라 중 하나예요. 온난한 기후 덕분에 농사가 잘되어 식재료가 다양하며, 이슬람교와 기독교 문화의 영향이 얽힌 모습을 많이 볼 수 있어요.

아침 식사

아침 식사는 영양소가 풍부한 음식을 준비하는 중요한 시간이에요. 납작한 빵 **사쥬**에 자타 소스를 뿌려 먹는 **마누쉬**를 늘 먹는 편이죠. **라브네**(신맛이 나는 치즈), **후무스**(병아리콩과 참깨·레몬즙·마늘을 으깬 음식), **풀 메다메스**(잠두콩이나 병아리콩에 레몬·오일·커민·마늘·고수가 들어간 음식) 혹은 토마토, 민트, 올리브를 먹어도 좋아요. 치즈를 곁들여 먹는 **카아크**(참깨를 뿌린 베이글 같은 빵)도 있으며 치즈케이크와 비슷한 디저트로 소금물에 절인 치즈·세몰리나·버터를 넣고 설탕시럽을 뿌린 **퀴네페**도 있어요. 홍차와 같이 먹는 디저트예요.

점심과 저녁 식사

식탁에는 모든 요리를 한꺼번에 차려요. 샐러드, 수프, **사쥬**를 곁들인 메인 요리를 포함해서 말이죠. 사쥬는 돔 모양의 전통 화덕이나 볼록한 오븐 접시에 구워요. **코베즈**는 동그랗게 부푼 빵이에요. 점심은 오후 2시쯤, 저녁은 저녁 9시쯤 먹어요.

즐겨 먹는 식재료

야채는 항상 먹어요. 계절에 따라 당근, 애호박, 가지, 치커리, 토마토, 잠두콩 등을 먹고 허브와 향신료가 중요한 역할을 담당하고 있어요. 많이 쓰는 향신료로 **슈맥**(시큼하고 과일 맛이 강한 옻나무 열매), 커민, 고수, 파슬리, 타임 등이 있어요.

길거리에서

카아크 빵 속에 말랑말랑한 치즈나 땅콩, 말린 캐슈너트, 수박씨 또는 호박씨, 아몬드, 설탕 뿌린 병아리콩을 넣어 먹어요.

오늘은 어떤 요리?

자타
타임, 참깨와 소금을 섞은 것으로 다른 허브를 추가할 수 있어요. 기름이나 소금에 절여 보관하거나 햇볕에 말려서 보관해요. 레바논 사람들은 향신료가 몸과 정신을 강하게 해 준다고 믿고 빵, 고기, 야채에 맛을 더할 때 사용해요. 올리브유나 **라브네**에 섞어서 **사쥬**에 발라 먹어요.

타불리
불구르(데쳐서 으깬 밀)에 파슬리, 토마토, 레몬, 민트를 넣은 중동식 샐러드.

무타발 또는 바바 가누쉬
그릴에 구운 가지에 **타이나**(참깨로 만든 걸쭉한 소스), 레몬즙, 소금, 기름을 섞어 만든 소스.

디저트
지중해 다른 나라처럼 **바클라바**(얇은 반죽에 말린 과일을 넣은 파이)와 **할바**(볶은 참깨 소스에 과일과 호두를 뿌린 디저트)를 많이 먹어요. 숟가락으로 떠먹는 디저트 중에 가장 오래되고 유명한 것 중 하나는 **무파타카**로 쌀, 타이나, 강황, 잣을 넣어 만든 푸딩이에요. 메글리는 쌀가루, 계피, 헤이즐넛, 아몬드, 잣, 피스타치오로 만든 디저트로 아이의 탄생을 축하할 때 먹으며 기독교인에게는 성탄절 디저트이기도 해요. 부활절에는 무화과, 대추야자, 말린 과일을 반죽에 넣어 오븐에 구운 **마울**을 먹어요.

파투시
오이, 토마토, 치즈, 피타 빵, 상추, 양배추를 넣은 샐러드.

후무스
병아리콩을 으깨어 올리브유, 마늘, 소금을 섞은 음식.

팔라펠
으깬 병아리콩에 때론 잠두콩을 추가하고 둥글게 빚어 튀긴 요리. **타이나**와 샐러드와 함께 빵에 넣어 먹어요.

무잣다라
보라색 또는 초록색 렌틸콩 요리로 쌀, 튀긴 양파를 곁들여 먹어요.

와락 에납
포도잎에 고기와 쌀(또는 쌀만)을 채우고 레몬 소스와 함께 먹는 요리.

키베
양고기에 **불구르**, 레몬, 양파와 민트를 섞어 만든 미트볼로 튀겨서 먹어요. 반죽을 익히지 않고 먹을 수도 있는데 그때는 **키베 나예**라고 해요.

가게 앞에 그릴이 있는 정육점들은 **사쥬**와 함께 먹을 수 있는 미트볼이나 고기 꼬치를 팔아요. **샤와르마**도 쉽게 볼 수 있는데 꼬챙이에 끼워 쌓아 올린 고기가 화로 앞에서 계속 돌아가며 익는 거예요. 고기는 위에서 아래로 얇게 저며 빵 속에 넣어 먹어요.

요건 몰랐지?
레바논 요리의 특징 중 하나는 메인 요리가 나오기 전에 손으로 집어 먹을 수 있는 한 입 거리 음식들을 준비하는 거예요. 사람들은 평소보다 오래 식탁에 앉아 즐길 수 있는 잔칫날을 손꼽아 기다려요.

오스트레일리아

대륙이라고 할 수 있을 정도로 넓은 나라로, 기후도 굉장히 다양하지요. 영토의 많은 부분은 사막지대이지만 일 년 내내 해안 지역에서 재배한 신선한 제품을 구할 수 있어요. 또 오스트레일리아는 생물 다양성이 잘 보존되어 있어요. 세계 다른 지역에서는 볼 수 없는 특별한 동물과 식물이 있지요.

아침 식사과 간식

20세기 초 이탈리아와 그리스 이주민들의 영향으로 오스트레일리아에는 커피 문화가 매우 발달했어요. **플랫화이트**는 카푸치노와 비슷한 커피로 오스트레일리아 사람들이 매우 자랑스럽게 생각하는 음료죠. 또 이곳에서 가장 발달한 산업 중 하나가 바로 유제품인데 그래서 아침 식사에는 우유, 요거트, 버터, 치즈를 항상 볼 수 있어요.

아보카도가 많이 나서 언제든지 먹을 수 있어요. **아보카도 스매시**는 통밀빵에 레몬즙을 뿌리고 얇게 썬 아보카도를 올린 음식이에요. 토마토나 페타 치즈, 스크램블드에그를 함께 올리기도 해요. 버터를 바르고 아보카도를 올린 빵에는 **베지마이트**도 발라 먹어요. 이것은 이스트 추출물로 만든 크림으로 짠맛이 나서 고기나 다른 요리에도 사용해요.

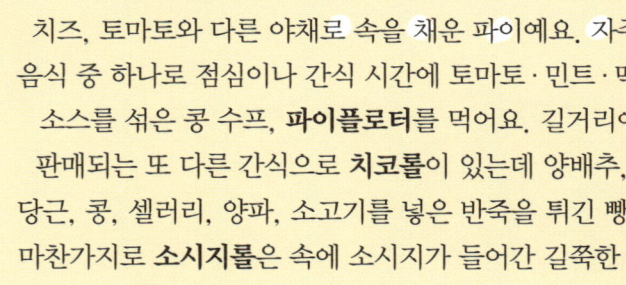

미트파이도 훌륭한 간식이에요. 다진 고기에 버섯이나 치즈, 토마토와 다른 야채로 속을 채운 파이예요. 자주 먹는 음식 중 하나로 점심이나 간식 시간에 토마토·민트·맥아식초 소스를 섞은 콩 수프, **파이플로터**를 먹어요. 길거리에서도 판매되는 또 다른 간식으로 **치코롤**이 있는데 양배추, 보리, 당근, 콩, 셀러리, 양파, 소고기를 넣은 반죽을 튀긴 빵이에요. 마찬가지로 **소시지롤**은 속에 소시지가 들어간 길쭉한 빵이죠.

아이들은 간식으로 **치즈앤베이컨롤**을 정말 좋아해요. 치즈와 훈제 베이컨이 들어간 한 입짜리 간식이죠. 그리고 **페어리 브레드**는 버터를 바른 빵에 색색깔의 장식용 설탕을 뿌리고 세모꼴로 잘라 먹어요.

오늘은 어떤 요리?

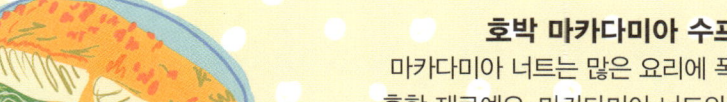

바라문디
가장 많이 알려진 오스트레일리아 생선 요리로 그릴에 굽거나 조림으로 만들어 먹어요.

호박 마카다미아 수프
마카다미아 너트는 많은 요리에 폭넓게 쓰는 흔한 재료예요. 마카다미아 너트와 호박, 생강, 육수, 양파, 사과를 넣고 만들어요.

치킨 파르미지아나
줄여서 파르마라고도 부르는 이탈이아계 미국 요리예요. 매우 사랑받는 음식으로 펍이나 식당에서 감자튀김과 샐러드를 곁들여 판매하고 있어요. 구운 닭가슴살에 토마토 소스, 모차렐라 치즈를 얹고 파르미지아노나 프로볼로네 치즈를 갈아서 뿌려 먹어요.

오징어 튀김
오징어에 반죽을 입혀 튀긴 요리. 흑후와 고추가 많이 들어가는 것이 특징이에요.

호주 사람들은 그릴에 고기 구워 먹기를 좋아해요. 가까운 사람들과 고기를 구워 먹으며 함께 즐기지요. 그래서 국립공원이나 정원에는 바비큐 시설이 아주 잘되어 있어요. 일요일에는 소시지, 햄버거, 미트볼, 소고기, 양고기뿐만 아니라 종종 캥거루와 악어, 에뮤(오스트레일리아에서 사는 큰 새)를 함께 구워 먹는데 이걸 **선데이 로스트**라고 불러요.

디저트
디저트 중에 가장 유명한 것은 **레몬 딜리셔스 푸딩**이에요. 레몬이 들어간 푸딩을 오븐에 구운 것으로 식감이 폭신폭신해요. 구우면서 생기는 시럽을 함께 먹어요.

사고는 숟가락으로 떠먹는 디저트로 사고 야자나무 줄기에서 추출한 밀가루로 만들어요. 이 나무는 오스트레일리아 북쪽인 인도네시아 파푸아뉴기니에서 특히 많이 재배돼요. 이 재료로 젤리 구슬을 만들고 코코넛밀크, 야자설탕, 바닐라를 섞어 망고, 구운 코코넛과 함께 먹어요.

래밍턴도 호주를 대표하는 디저트 중 하나예요. 스펀지 케이크 조각 위에 초콜릿 소스를 붓고 그 위에 코코넛 가루를 뿌려서 만들어요. 제차 세계대전 당시 오스트레일리아와 뉴질랜드 군인들을 위로하기 위해 연합군 이름을 따서 만든 **앤잭 쿠키**는 귀리, 코코넛, 밀가루, 버터, 베이킹소다, 설탕시럽으로 만들어요. 오래 보관할 수 있도록 달걀을 넣지 않아요.

오지 버거
소고기, 양파, 달걀 프라이, 베이컨, 치즈, 케첩, 바비큐 소스로 만든 버거로, 여기에 비트와 파인애플까지 들어가는 게 특징이에요. 가장 대중적인 간식이에요.

요건 몰랐지?

오스트레일리아의 오페라 가수, 넬리 멜바를 위해 만들어진 **피치멜바**는 오늘날 세계적으로 유명한 디저트예요. 요리의 창시자는 프랑스의 유명한 요리사 오귀스트 에스코피에로예요. 반으로 잘라 설탕시럽에 삶은 부드러운 복숭아를 바닐라 아이스크림 위에 올리고 그 위에 산딸기 퓌레, 휘핑크림, 아몬드 조각, 캐러멜 소스를 뿌려요. 생각만 해도 군침이 돌죠?

39

뉴질랜드

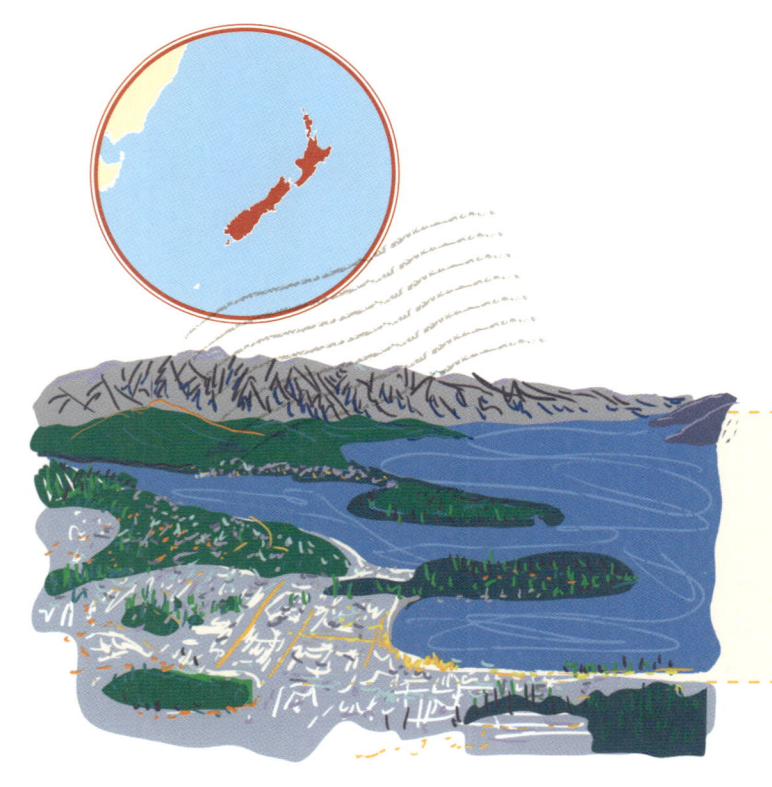

계절 과일, 지역 특산품을 중심으로 농업 경제가 발달한 섬나라예요. 뉴질랜드 음식은 지리적으로 가까운 오스트레일리아와 비슷하며 마오리족의 문화가 깃들어 있어요. 마오리족은 몇 세기 전 폴리네시아에서 이주해 이 땅에 정착한 원주민이에요.

아침 식사

보통 커피 한잔과 토스트, 주스 또는 우유로 하루를 시작해요. 어린이들은 곡물을 압축하여 만든 시리얼바, **위트빅스**를 먹는데 매우 대중적인 상품이에요. 조리 시간이 더 걸리는 음식은 주말에 먹죠. 스크램블드에그, 훈제 베이컨, 토마토와 버섯 볶음, 감자 부침개, 베이컨과 바나나를 곁들여 캐러멜 소스를 뿌린 팬케이크, 콩 스튜처럼 말이죠. **마마이트**도 빠질 수 없어요. 매우 짠맛이 나는 크림인데, 이스트를 농축하고 발효하여 만들어요. 이와 비슷한 **베지마이트**는 빵에 발라 먹거나 요리에 넣어 풍미를 더하죠. 뉴질랜드 사람들이 사랑하는 이 두 가지 크림은 국민 음식으로 꼽혀요.

점심과 저녁 식사

점심은 가볍고 빠르게 먹는 식사예요. 보통 샌드위치나 따뜻한 **파이**를 먹어요. 파이는 가장 많이 먹는 음식 중 하나로 집에서도 만들어 먹고 어디서든 사 먹을 수 있어요. 반죽 속에 다진 고기, 치즈를 넣고 구워 짭짤한 맛이 나요. 양파, 버섯, 달걀, 베이컨이 들어간 파이도 있고, **쿠마라**(고구마)가 들어간 파이도 많이 먹어요. 호박이나 감자를 곁들여 먹기도 해요. 인기 있는 또 다른 파이는 **베이컨앤에그 파이**예요. 훈제 베이컨과 달걀이 통째로 들어가고 양파, 토마토, 치즈, 콩을 추가할 수 있어요. 일요일 점심에는 주로 오븐에 구운 소고기, 감자, 호박을 먹어요.

저녁은 하루 중 가장 중요한 식사예요. 보통 6시부터 먹기 시작해요. 집에서 준비한 수프와 요리를 먹기도 하지만 종종 피자, 중국 음식 또는 유명한 **피시앤칩스** 등 포장 음식으로 저녁을 해결하는 경우도 많아요. 피시앤칩스는 영국에서 유래한 음식이지만 뉴질랜드 사람들이 두루 좋아하는 국민 요리 중 하나예요.

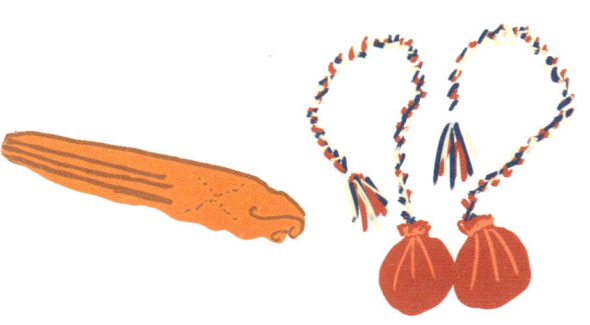

오늘은 어떤 요리?

치어
태어난 지 1년 안에 잡힌 백색의 작은 물고기는 매우 귀하고 비싸요. 1년 중 치어를 잡을 수 있는 기간은 제한되어 있지요. 오믈렛으로 만들어 토스트에 넣어 먹어요.

돼지고기
마오리족 문화에서 유래한 요리로 돼지 뼈와 고기, 감자, 시금치, 고구마가 들어간 스튜예요. **도우보이**(찐빵)나 **르웨나**(마오리족의 전통 감자빵)를 곁들여 먹어요. **푸하**(민들레) 같은 재료가 들어가는 스튜, **포크앤푸하**도 이와 비슷해요.

항이
마오리족의 전통 요리로 폴리네시아인들의 조리법을 사용해요. 오늘날에는 주로 관광객들을 위해 선보이고 있어요. 불에 달군 돌 위에 음식을 나뭇잎에 감싸서 올려요. 다시 잎사귀와 축축한 천으로 덮고 흙을 올려 줘요. 이런 방식으로 음식을 아주 천천히 익힐 수 있어요.

디저트
뉴질랜드 사람들은 디저트를 정말 사랑해요. 잘 알려진 물고기 모양 초콜릿과 마시멜로는 **롤리 케이크**를 만들 때에도 들어가요. 과자를 잘게 부순 후에 버터, 연유를 섞어 만들어요. 동그랗게 만들어 코코넛 가루를 뿌리고 냉장고에 두었다가 잘라서 먹어요. 20세기 초에 오세아니아 투어 공연을 한 러시아 발레리나 안나 파블로바를 기념하기 위해 만든 케이크도 있어요. 바삭한 머랭 바닥에 휘핑크림과 산딸기를 뿌려 만든 디저트죠. **스콘**과 **머핀** 외에도 과자 중에 제일 유명한 것은 밀가루, 버터, 설탕, 콘플레이크와 카카오를 넣고 초콜릿을 입힌 후 호두를 올려 장식한 **아프간 쿠키**예요. 초콜릿 시럽이나 산딸기로 덮은 스펀지 케이크에 코코넛 가루를 뿌린 **래밍턴**을 두고는 오스트레일리아와 뉴질랜드가 서로 원조라고 주장해요.

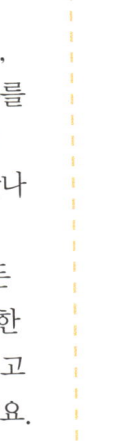 

요건 몰랐지?
키위는 뉴질랜드를 상징하는 새로, 옛날에 키위라는 단어는 뉴질랜드 사람을 가리키는 말로도 쓰였어요. 키위는 호기심이 많은 동물로 날개가 짧아서 날 수가 없어요. 또 키위는 과일 이름이기도 해요. 동그란 모양에 부드러운 과육이 들어 있으며 새콤달콤한 맛이 나고 초록빛 또는 노란빛을 띠지요. 중국에서 탄생했지만 뉴질랜드 기후에 꼭 맞아 정착한 과일이에요.

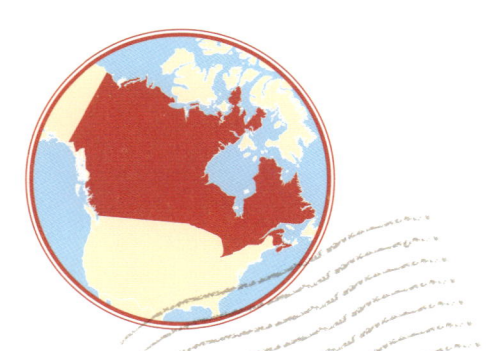

캐나다

세계에서 두 번째로 큰 나라로 이탈리아, 영국, 스칸디나비아, 폴란드, 독일, 덴마크, 아일랜드, 우크라이나, 이스라엘 등 유럽의 전통 요리가 공존하는 모습을 볼 수 있어요. 특히 퀘벡 지역은 프랑스의 영향을 많이 받았지요. 미국의 영향도 크게 받고 있어요. 캐나다 전역에 알려진 음식도 있지만 지역마다 특색 있는 음식이 있는데 특히 전 세계에서 온 이민자들의 영향으로 더욱 풍성해진 조리법을 자랑해요. 사슴, 순록, 산딸기 등 사냥하고 채집한 재료를 활용하는 원주민들의 풍습도 매우 강하게 나타나요.

아침 식사

하루 중 가장 중요한 식사로 **크루아상**, **머핀**, **베이글**이 빠지는 법이 없죠. **팬케이크**에는 메이플시럽을 뿌려 먹어요. 캐나다는 세계 최대의 메이플시럽 생산지지요. 달걀에 적셔 구운 빵을 말하는 **프렌치 토스트**는 만드는 데 시간이 걸리기 때문에 주말에 많이 먹어요. 때로는 우유에 시리얼을 넣어 먹고 요거트와 과일 스무디를 먹어요.

디저트

너나이모 바는 캐나다 사람들이 자랑스러워하는 디저트예요. 그 인기가 대단해서 캐나다를 대표하는 음식으로 여길 정도죠. 와플처럼 바삭한 큰 직사각형 과자 위에 커스터드 크림을 얹고 초콜릿으로 코팅한 후 네모나게 자르면 완성이에요. **버터 타르트**도 국민 음식으로 불리는 디저트인데 반죽에 달걀, 설탕, 버터, 설탕시럽을 넣고 오븐에 구워 만들어요. **슈거 파이** 혹은 **타르트 오 수크르**라고 부르는 디저트도 많이 먹어요. 파이에 버터, 크림, 설탕, 메이플시럽을 넣고 만드는데 이건 **그랑페르**를 만들 때도 사용돼요. 그랑페르는 밀가루, 버터 반죽 안에 과일을 넣고 시럽이나 아이스크림과 함께 먹는 디저트예요. **아쿠타크**는 알래스카 지역에서 먹는 전통적인 아이스크림이에요. 눈에 산딸기와 순록 고기나 생선 살, 고래기름을 섞어 만들어요. **블루베리 파이**는 블루베리를 비롯한 세 가지 이상의 산딸기와 사과를 넣어 만들어요.

오늘은 어떤 요리?

푸틴
캐나다를 대표하는 음식으로, 감자튀김에 고기 소스와 녹인 치즈를 뿌려 먹는 요리.

배넉
밀가루, 설탕, 우유, 돼지기름으로 만든 얇은 빵을 튀겨 오븐에 구운 것. 캐나다 원주민 이뉴이트족과 북극 지방 민족의 대표 음식이에요. 하지만 재료는 유럽 사람들이 소개해 준 것들이죠. 어떤 사람들은 이 빵이 식민지의 상징이라고 주장해요.

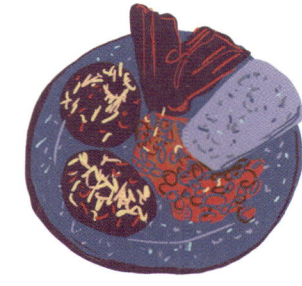

페미컨
널리 알려진 원주민들의 요리로, 말린 고기를 갈아서 산딸기와 섞은 것.

몬트리올 베이글
베이글은 유태인이 뉴욕과 주변 지역에 소개한 음식이에요. 캐나다에서는 크기가 작아지고 가운데 구멍은 커졌어요. 단맛이 나는 반죽 위에 참깨나 포피시드(양귀비 씨)를 뿌려 오븐에 굽지요. **스모크트 미트**는 몬트리올식이라 불리는 또 다른 히브리 음식이에요. 향신료를 뿌린 소고기를 훈제하여 머스터드소스, 호밀빵과 함께 식탁에 올려요.

마크탁
이뉴이트족 문화에서 유래한 가장 사랑받는 간식 중 하나예요. 고래 껍질과 연골을 잘게 썰어 생으로 먹거나 빵가루를 묻혀 튀긴 후 콩 소스와 함께 먹어요. 오늘날 멸종 위기에 처한 고래를 잡는 일은 잘못된 것이라고 생각하는 사람들이 많아요. 하지만 고래 고기는 북극 지방 민족들의 음식 문화에서 빠질 수 없는 재료예요.

갈릭 핑거스 피자
마늘, 버터, 파슬리, 치즈가 들어간 캐나다식 피자예요.

요건 몰랐지?

퀘벡 지역의 오래된 전통 중 하나는 11월과 4월 사이 '설탕의 계절'이 있다는 거예요. 이때 숲속의 작은 오두막집 '카반 아 수크레'에서 작은 단풍나무 수액을 가공해 메이플시럽을 만들지요. 사람들은 친구들과 시골 음식을 먹어요. 스크램블드에그, 콩 스튜, 햄, **레유 드 크리스**(돼지 볼살을 훈제하여 튀긴 음식), 튀긴 돼지 껍데기, 베이컨 구이, 피클, **슈거 파이** 등을 먹어요. 대부분의 음식에 메이플시럽을 뿌려 먹어요. 이웃들과 함께 즐기는 이 기간에는 말이 끄는 썰매 경주를 하는 전통이 있고 막대 사탕이나 구운 단풍나무 수액을 눈 위에 식혀 만드는 사탕, **메이플 테피**를 준비해요.

45

미국

지난 200여 년 동안 이 넓은 나라는 세계 어디서든 이민자를 받아들였어요. 미국에는 '요리들의 요리'라는 것이 있는데 외국의 전통 요리를 재해석하고 다양한 문화를 섞어 탄생시킨 것이죠. 유럽 사람들이 도착하기 전에 살고 있던 원주민들의 조리법도 있지만 대부분의 요리는 유럽에서 유래했다고 볼 수 있어요. 영국과 네델란드 이주민이 정착한 뉴잉글랜드와, 프랑스와 스페인 이주민이 정착한 미시시피주의 요리가 특히 그래요. 하지만 이렇게 재탄생한 요리가 워낙 새롭고 다양해서 이제는 엄연한 미국 요리라고 할 수 있어요. 이스라엘, 중국, 이탈리아 전통에서 유래한 요리도 많아요. 이탈리아 이주민이 전파한 파스타와 피자는 별난 재료로 날마다 재탄생하고 있지요. 대부분의 미국 사람들이 피자가 미국에서 탄생한 음식이라고 생각할 정도예요.

아침 식사와 간식

하루를 시작하는 아침 식사는 다양한 구성이 가능해요. 겹겹이 쌓아 올려 메이플시럽을 넉넉히 부어 먹는 얇은 **팬케이크**, 베이컨과 함께 먹는 달걀, 우유에 섞어 먹는 **콘플레이크**, 요거트와 과일 등이죠. 아침과 점심을 하나로 합친 **브런치**는 주로 일요일에 먹어요. 양이 많은 **아메리카노** 커피도 단골 메뉴죠. **애플파이**는 사과를 넣어 만든 파이인데 보통 아이스크림과 함께 먹으며, 집집마다 만드는 비법이 달라요. 쿠키를 갈아서 바닥을 쌓고 그 위에 치즈와 붉은 과일을 올려 만든 **치즈케이크**도 유명해요.

짭짤하고 달콤한 간식 종류는 셀 수 없이 많죠. 옥수수 **팝콘**, 설탕과 젤라틴으로 만든 **마시멜로**를 예로 들 수 있어요.

점심과 저녁 식사

점심은 샌드위치, 샐러드, **햄버거** 등으로 간편하게 먹어요. 햄버거는 세계에서 제일 유명한 음식 중 하나로, 부드러운 빵에 고기 패티, 치즈, 양파, 케첩 등을 넣어 먹죠. 추수감사절에는 미국 음식 문화를 상징하는 요리 두 가지가 등장해요. 바로 밤이나 옥수수를 채워 크랜베리나 블루베리 소스와 먹는 **칠면조 고기**, 그리고 **호박 파이**예요.

미국의 식품 산업은 크게 발달 했어요. 사람들은 전자레인지에 데워 먹는 냉동식품이나 냉장고에서 꺼내서 바로 먹을 수 있는 음식을 좋아해요. 저녁에는 식당에서 포장해 온 음식이나 배달 음식을 많이 먹는 편이에요.

지역별 특색 있는 요리

동북부

코네티컷, 메인, 매사추세츠, 뉴햄프셔, 로드아일랜드, 버몬트

숲에서 나는 것들로 생활하던 원주민 문화와 검소한 생활 방식을 가진 영국 청교도 문화가 만나 탄생한 간소한 요리예요. 조리법이 비교적 간단하고 칼로리가 낮은 편이죠. 향신료가 적고 산딸기를 활용한 소스, 랍스터, 새우, 생선 튀김, 훈제하거나 구운 생선, 기르거나 사냥한 고기를 먹어요. 이주민들에게는 생소했던 **서코태시**는 옥수수, 콩, 피망 그리고 토마토를 넣고 만든 스튜예요.

클램 차우더
뉴잉글랜드의 전통 수프. 커다란 조개, 멸치 또는 굴, 육수, 양파, 감자, 돼지기름, 우유 혹은 크림을 넣고 만들어요.

퍼넬 케이크
북유럽에서 유래한 케이크로 체육대회, 교회 기념일 등 야외 행사 때 주로 먹어요. 밀가루, 버터, 우유, 브랜디, 달걀, 설탕 등의 재료가 들어가는 반죽을 소용돌이 모양으로 말아 올린 디저트예요.

랍스터 롤
부드러운 빵에 마요네즈, 랍스터 살을 넣고 감자튀김을 곁들여 먹어요. 메인주에서 탄생한 요리이지만 지금은 미국의 모든 해안 도시에서 먹을 수 있어요.

버펄로윙
닭 날개 튀김에 버터, 식초, 후추로 만든 매운 소스를 뿌린 요리. 미국의 모든 지역에서 먹는 음식이죠.

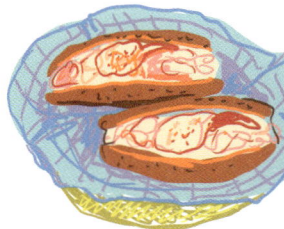

크랜베리
블루베리와 비슷하게 생긴 과일로 숲에서 따서 주스를 만들거나 말려서 디저트와 샐러드에 넣어 먹어요. 다른 작은 과일처럼 머핀, 케이크, 팬케이크에도 들어가요.

초코칩 쿠키
물방울 모양의 초콜릿 칩이 들어간 과자. 세계적으로 유명해요.

47

동부 대서양 연안

뉴욕, 뉴저지, 델라웨어, 펜실베이니아, 메릴랜드

스크래플은 펜실베이니아에서 제일 유명한 음식 중 하나로 저민 돼지고기를 옥수수 가루, 밀, 오트밀에 섞어 기름에 튀긴 거예요. **크랩 케이크**는 메릴랜드의 모든 사람들이 먹어요. 부드러운 게살을 달걀, 옥수숫가루와 섞고 빵가루를 묻혀 튀긴 것으로, 반으로 자른 빵 위에 올려 먹죠.

뉴욕

여기서는 어떤 음식이든 만나볼 수 있어요. 뉴욕은 미국과 세계 여러 나라들을 잇는 다리 같은 곳이거든요. 접어 먹을 수 있을 정도로 얇은 **뉴욕식 피자**는 이미 전통 음식이 되었어요. 이탈리아에서 유래한 **미트볼 스파게티**, 라자냐, 젤라토(아이스크림)도 맛볼 수 있지요. 네덜란드에서 온 **코울슬로**는 당근과 마요네즈가 들어간 양배추 샐러드예요. 또 발효시킨 빵을 튀긴 **도넛**, 격자무늬 틀에 굽는 **와플**이 있죠. 아일랜드 사람들이 가져온 할로윈 축제는 **브리틀**(설탕, 땅콩, 피칸, 아몬드가 들어간 과자) 같은 과자나 옥수수 모양의 **캔디 콘**, 과일 맛이 나는 말랑한 **태피**을 나눠 먹을 수 있는 기회예요. **핫도그**는 독일에서 유래한 음식으로 빵 안에 소시지, 양배추, 겨자, 피클 등을 넣어 먹어요. 유대인 이민자들이 가져온 음식으로는 식초에 절인 야채, 초승달 모양의 **아몬드 뿔쿠키**, 치즈는 빠지고 크림과 달걀이 더 많이 들어간 **치즈케이크**, 반죽을 땋아 만든 **찰라 빵**, 베이글과 달리 오븐에 굽기 때문에 가운데 구멍이 없는 **비알리**가 있어요. 다이너는 햄버거, 감자튀김, 파니니, 그릴에 구운 고기, 음료수, 커피와 **밀크셰이크**, 아이스크림 등을 파는 작은 식당을 말해요.

중서부

일리노이, 인디애나, 아이오와, 캔자스, 미시간, 미네소타, 미주리, 네브래스카, 노스다코타, 오하이오, 위스콘신

홍시 푸딩
홍시를 중탕하여 오븐에 굽거나 찐 푸딩.

브라우니
시카고에서 탄생해서 전 세계에 알려진 작고 부드러운 초콜릿 케이크.

시카고식 피자
가장자리가 케이크처럼 두꺼운 치즈, 토마토 피자.

부야
고기, 야채를 넣은 스튜로 약불에 이틀 동안 끓여서 만들어요.

신시네티 칠리
고기, 육수, 토마토 페이스트, 향신료, 쌉쌀한 초콜릿 부스러기로 만든 소스. 스파게티나 핫도그에 넣어 먹어요. 맛이 매우 특이하지만 오하이오 사람들은 무척 자랑스러워하는 요리죠.

콘도그
소시지에 두꺼운 반죽을 입혀 튀긴 후 그릴에 구운 아이오와 음식.

냄비찜 요리
미네소타에서 가장 유명한 요리. 손잡이가 달린 스튜 냄비에 파스타 혹은 감자, 다진 고기, 콩, 버섯 크림을 넣고 만들어요.

세인트루이스식 바비큐
훈제한 돼지 갈비에 달콤한 소스를 곁들인 바비큐. 다양한 종류의 고기(닭고기, 양고기, 소고기)로 만드는 캔자스시티의 바비큐와 차이가 있어요.

남부

앨라배마, 아칸소, 플로리다, 조지아, 켄터키, 루이지애나, 미시시피, 노스캐롤라이나, 오클라호마, 사우스캐롤라이나, 테네시, 텍사스, 버지니아, 웨스트버지니아

옥수수와 사냥한 고기를 활용한 전통 요리를 즐겨 먹어요. 옥수수는 어느 식사에서든 볼 수 있는 재료예요. 옥수수 팬케이크를 말하는 **호우케이크**, **옥수수빵**과 **스푼브레드** (푸딩처럼 생긴 빵), 옥수수죽을 먹어요. **쉬림프 그리츠**는 옥수수죽에 새우를 곁들인 음식이에요. 튀김 요리로는 앨라배마식 **프라이드 그린 토마토**와 닭고기에 달걀과 밀가루 반죽을 입혀 간을 한 **프라이드 치킨**이 있어요. 치킨은 미리 소금과 향신료로 간을 하거나 우유에 담가 부드럽게 만들기도 해요.

바비큐
그릴에 구운 소고기 또는 돼지고기가 유명하죠. 고기를 써는 방법, 곁들이는 소스, 소금에 절이는 방법도 정말 다양해요. 텍사스 요리라는 느낌이 강하게 들고 미국 요리의 정체성을 대표하는 음식이라고 할 수 있어요.

케이준
세련된 프랑스 전통의 영향을 받은 요리를 말해요. 쌀과 향신료를 넣은 순대, **부댕**(프랑스식 소시지)과 랍스터와 감자가 들어간 **루이지애나 크로피시 보일**이 있어요.

텍스멕스
텍사스와 멕시코 사이에 정착한 스페인 이민자들의 요리. 대표적인 요리 중 하나는 소고기, 피망, 토마토, 콩이 들어간 **칠리 고기 스튜**로 세모 모양의 옥수수 과자 **토르티야 칩**과 함께 먹어요. **나초**는 토르티야 칩에 다진 고기, 치즈, 과카몰리 소스, 사워크림, 토마토 소스를 넣어 먹는 음식이에요. **파히타**는 소금에 절인 고기 덩어리에 볶은 피망, 양파를 넣고 고추, 파프리카, 오레가노와 섞은 요리예요. 쌀과 콩을 곁들여 먹거나 혹은 토르티야에 싸서 먹어요.

소울 푸드
뉴올리언스는 유럽, 아프리카, 카브리해 그리고 원주민들의 음식이 섞여 새로운 요리가 탄생한 수도라고 할 수 있어요. 두 가지 예로 **비엔빌 오이스터**(버섯, 고추, 달걀 소스, 파르미지아노 치즈와 함께 먹는 굴)와 **뮤플레타 샌드위치**(참깨를 뿌린 시칠리아 곡물빵에 야채, 햄, 소시지, 프로볼로네 치즈를 넣은 음식)가 있죠.

북서부

알래스카, 오리건, 워싱턴, 아이다호, 몬태나, 와이오밍

사냥해서 잡은 고기나 드넓은 축사에서 키운 소고기, 와인에 절인 연어를 삼나무에 훈제한 **시더 플랭크 살몬**을 즐겨 먹어요.

남서부

애리조나, 뉴멕시코, 콜로라도, 유타, 네바다, 캘리포니아

스페인과 멕시코, 남아메리카의 영향을 받은 음식들을 볼 수 있어요. **그린 칠리 엔칠라다**는 옥수수 토르티야에 고추와 향신료로 맛을 낸 요리예요. **브렉퍼스트 부리토**는 밀가루로 만든 토르티야 안에 스크램블드에그, 감자, 양파, 매운 소시지, 토마토소스를 넣어 먹는 음식이죠. 해변 마을에서는 이탈리아 제노바에서 유래한 생선 수프 **치오피노**를 볼 수 있어요. **콥샐러드**에는 양배추, 토마토, 튀긴 베이컨, 구운 닭가슴살, 삶은 달걀, 아보카도, 정향, 로크포르 치즈, 레드와인 소스가 들어가요. 캘리포니아에는 아보카도, 오이, 게살이 들어간 초밥 **캘리포니아롤**이 있어요.

49

멕시코

멕시코는 역사와 전통, 섬세한 요리가 가득한 나라예요. 2010년 유네스코는 멕시코 요리를 무형문화유산으로 지정했지요. 멕시코는 세상 사람들에게 옥수수, 토마토, 감자, 고추, 콩, 호박, 카카오, 칠면조, 파인애플, 아보카도, 바닐라, 파파야를 선물했어요. 아메리카 대륙이 발견되기 전까지만 해도 알려지지 않은 음식이었으니까요. 오늘날에도 많은 요리는 마야, 아즈텍 같은 고대 민족들이 사용했던 조리법으로 만들어져요. 이 조리법을 기본으로 '새로운' 재료인 쌀, 양파, 마늘, 돼지고기, 소고기, 염소 고기, 양고기, 우유와 치즈가 더해지는 것이죠. 멕시코와 국경을 맞대고 있는 미국 남부의 텍스멕스 요리와 원조 멕시코 요리는 굉장히 다르다는 점도 재미있어요.

아침 식사

고기 수프 혹은 **판시타**(소 내장 수프), **토르티야**, **타코**, 콩을 곁들인 고기, **판둘세**라고 하는 달콤한 빵(수백 가지 종류가 있어요)을 먹어요. 달걀도 아침에 자주 먹는 편이에요. 달걀 프라이를 토르티야에 얹어 양파, 고추 소스와 함께 먹는 **우에보스 란체로스**가 대표적이죠.

커피나 주스처럼 마실 수 있는 **아톨레**는 옥수숫가루, 물, 흑설탕, 바닐라, 계피가 들어간 진한 음료예요. 멕시코 기본 요리 중 하나인 **타말레**를 먹을 때 함께 마셔요. 타말레는 쉽게 가지고 다닐 수 있는 원주민들의 요리로 옥수수 반죽 안에 과일, 짭짤한 음식(치즈, 야채, 고추 또는 몰레 소스)을 넣어 옥수수잎이나 바나나잎에 싸서 찐 음식이에요. 반면 **엠파나다**는 오븐에 구운 빵으로 중남미 전역과 스페인에 알려진 음식이죠.

아톨레에 초콜릿을 첨가하면 **참푸라도**(1500년까지 세상에 알려지지 않았던 아즈텍 원주민의 걸쭉한 초콜릿 음료)가 돼요. 옥수숫가루나 다른 곡물, 초콜릿, 물, 설탕, 우유를 넣고 만든 달콤한 튀김과자 **추로스**와 함께 아침이나 간식으로 먹어요. 멕시코 명절인 '죽은 자들의 날(세상을 떠난 가족, 친지를 기리며 명복을 비는 행사)'에는 뼈다귀 모양의 빵 **팡 데 무에르토**를 먹는데 이때도 참푸라도를 마셔요.

토르티야 세상

옥수수 가루나 밀가루로 구운 얇은 빵으로, 원주민들이 먹었던 음식이에요. 다양한 요리의 재료로 활용되는 토르티야는 멕시코뿐 아니라 다른 나라에서도 유명해요.

옥수숫가루로 만든 토르티야(멕시코 북부에서는 밀가루로 만들어요)에 속을 채워 두 번 접으면 국민 요리 **타코**를 만들 수 있어요. 보통 소고기·생선·치즈·양파·매운 고추로 만드는 **칠리소스**, 샐러드, 라임, 고수를 넣어 먹죠. 때로는 사워크림이나 아즈텍 사람들이 즐겨먹던 아보카도, 양파, 토마토, 라임을 절구에 으깬 **과카몰리**를 곁들여 먹어요.

밀가루 토르티야로 속재료를 감싸면 **부리토**가 돼요. 브리토는 노점 상인들의 당나귀를 일컫는 부로에서 유래한 이름이에요. 토르티야에 쌀과 **마차카**(주사위 모양으로 썬 고기를 고추, 버터, 양파, 달걀과 함께 프라이팬에 구운 요리)를 넣어 기름에 튀긴 것은 **치미창가**라고 불러요. 다양한 옥수숫가루로 만든 토르티야에 치즈, 검은콩, 시금치 혹은 호박을 넣으면 **케사디야**라고 해요. 반면 고기, 콩, 해산물, 야채, 치즈를 넣은 토르티야를 막대 모양으로 돌돌 말아 고추, 치즈소스를 뿌려 오븐에 구우면 **엔칠라다**가 되죠.

나초는 세모 모양의 옥수수 토르티야를 튀긴 과자예요. 녹인 치즈와 **할라페뇨**라는 아주 매운 고추와 함께 즐기는 음식이지요.

주로 아침에 먹는 **칠라킬레스**는 토르티야를 사등분하여 기름에 구운 것으로 토마토, 양파, 칠리, 삶은 달걀, 닭고기로 만든 매운 소스를 뿌려 먹어요. 아니면 고추, 호두, 후추, 계피, 커민, 초콜릿, 과일을 넣어 만든 **몰레**와 함께 먹죠. 몰레는 지역에 따라 만드는 방법이 여러 가지예요. 치즈, 생크림, 링 모양으로 썬 양파, 잘게 썬 아보카도를 일반적으로 많이 사용하죠. 팬에 익힌 마늘, 양파, 붉은 콩을 으깨면 크림 같은 질감의 **프리홀레스 레프리토스**를 만들 수 있어요. 토르티야에 오랜 시간 기름에 익혀 부드러워진 돼지고기를 올리면 **카르니타스**가 되는데 프리홀레스 레프리토스와 같이 즐기는 요리이죠. 좀 더 두껍게 만들어 튀길 때 부푸는 토르티야를 **고르디타**라고 부르며 매운 소스나 고기로 속을 채워요. 멕시코 남부 지방에는 토르티야 반죽을 발효시켜 청량한 맛이 나는 음료 **대휘노**를 만들어요.

길거리 음식

가장 대중적인 간식 중 하나는 **엘로테스**로, 그릴에 구운 옥수수에 고추, 마늘, 치즈를 섞은 꾸덕한 소스를 발라 먹어요. 반면 **에스키테스**는 팬에 구운 옥수수 알을 볼에 담아 마요네즈, 치즈, 샬롯, 고수, 고추, 옥수수즙으로 맛을 낸 음식이에요.

길거리 음식들은 통틀어 **안토히토스**라고 불러요. 노점 상인들의 수레에서는 온갖 종류의 음식을 만나볼 수 있어요. 통닭구이부터 **타코**, 다양한 재료로 속을 채운 **토르티야**, 파삭하게 튀긴 토르티야를 말하는 **토스타다**, 그리고 튀긴 토르티야에 치즈와 콩 스튜를 넣고 소스와 함께 먹는 **찰루파스**가 있죠.

또 다른 길거리 음식인 **팜바소**는 빵 안에 고추소스를 바르고 감자, **초리조**(매운 소시지)를 넣은 음식이에요. **토르타스**, **몰로테스**는 따뜻하게 혹은 차갑게 먹는 빵으로 안에 매운 재료를 넣어 만들어요. 매운 음식을 먹은 후 입가심할 때는 과일·물·설탕이 들어간 **아구아스 프레스카스**, **오르차타** 또는 히비스커스 꽃을 우린 **아구아 데 하마이카** 같은 음료가 좋아요.

멕시코 중부 지방의 전통 길거리 음식으로는 고구마를 구워 연유·고추·계피·설탕시럽이 들어간 소스를 곁들여 먹는 **카모테스**가 있어요. 죽은 자들의 날에는 압력솥 휘파람 소리와 함께 등장하는 손수레에서 카모테스를 파는 전통이 있어요. 손수레에서는 따뜻한 바나나와 식용 선인장인 **노팔선인장**도 만나볼 수 있어요. 백년초라고도 불리는 **부채선인장**은 바삭하면서도 쫄깃한 식감으로 가시를 빼고 먹어요. 아침에는 신선하게 달걀과 함께 먹고, 주사위 모양으로 썰어 샐러드나 수프에도 넣어요. **믹시오테**는 양고기 혹은 토끼 고기를 잘게 썰어 고추, 노팔선인장, 마늘, 허브를 아가베잎에 싸서 익혀 먹어요. 이렇게 구워 먹는 방법을 **바르바코아**라고 하는데 바비큐라는 단어가 바로 여기에서 유래했어요.

점심과 저녁 식사

점심을 뜻하는 코미다는 하루 중 가장 중요한 식사로 오후 2시에서 4시 반 사이에 먹어요. 그 전에 배가 너무 고픈 사람은 간단하게 알무에르소를 먹죠. 전통적으로 점심 후에는 시에스타라고 부르는 낮잠을 자요. 식사는 보통 수프로 시작하는데 **소파 데 프리홀** 또는 **소파 데 피데오**를 먹죠. 메인 요리로는 **귀사도스**(매운 소스를 곁들인 고기 조림), 콩, 토르티야와 과일을 먹어요. 저녁 식사는 9시 이후에 먹어요. 점심때 남은 음식을 먹거나 간단하게 빵과 우유, 핫초코를 먹기도 해요.

오늘은 어떤 요리?

포블라노

가장 매운 고추 중 하나인 **포블라노**(도시 푸에블라에서 유래한 이름) 요리는 매우 복잡하고 오랜 시간이 걸려요. 그래서 이 음식을 만들 수 있는 집이나 식당은 매우 자랑스러워하죠. 첫 번째로 **모렐 포블라노**는 최소 스무 가지 이상의 재료가 들어가는 매운 소스예요. 소스의 강도를 조절하는 고추와 카카오나무 열매로 만든 초콜릿이 대표적인 재료이죠. 크림 형태로 만들어 칠면조 고기, 닭고기 또는 돼지고기 요리에 자주 사용해요. 두 번째로 **칠레 엔 노가다**는 포블라노 고추에 **피카디요**(주사위 모양의 돼지고기 혹은 소고기, 토마토, 건포도, 계피를 볶은 것)를 채우고 호두, 석류 알갱이를 넣은 크림소스를 곁들여 먹어요. 멕시코 국기의 빨강, 하양, 녹색이 다 들어가 있죠. 마찬가지로 유명한 **칠리 렐레노스**는 치즈와 피카디요를 넣고 달걀 반죽을 입혀 튀긴 음식이에요.

소스

지역마다 전통 요리가 다르지만 다양한 고추(수백 가지가 있어요)를 활용하는 비법은 공통적으로 가지고 있어요. 고추의 매운 정도를 구별해서 소스에 들어갔을 때 만들어질 음식의 풍미를 조절하죠. 멕시코 요리에 **살사**(빨간 소스)와 **살사 베르데**(초록 소스)는 필수예요. 살사는 사용된 고추에 따라 깊은 맛이 달라지고 기본 재료로 토마토, 양파, 허브가 항상 들어가요. **타코**를 먹을 때 가장 많이 사용되는 소스는 **피코 데 가요**로 생야채로 만들어요. 주사위 모양으로 썬 토마토, 양파, 고수, 그추가 들어가죠. 살사 베르데는 **토마티요**(수염토마토)와 고추를 넣어 만들어요.

간식

가장 유명한 간식으로는 **차풀리네스**가 있어요. 작은 메뚜기를 튀겨 소금, 마늘, 라임즙 혹은 칠리를 뿌려 먹는 요리지요. 호기심을 일으키는 또 다른 간식은 **구사노스 데 마게이**로 용설란에 붙어 있는 애벌레를 튀겨 만들어요. 용설란에서 얻은 뾰족한 잎을 발효시켜 **풀케** 같은 음료를 만들고, 또 증류해서 **테킬라**나 **메스칼**같이 독한 술도 만들 수 있어요. 멕시코 사람들은 용설란 애벌레를 매우 영양가 높은 별미라고 생각해서 살아 있는 그대로 먹거나 튀김 혹은 구이로 즐겨요. 간식으로 개미 구이나 작은 빈대도 먹으며, 멕시칸 '캐비어'라 할 수 있는 **에스카몰레스**는 볶아서 먹는 개미 유충 요리예요.

수프

몬동고는 **판시타** 혹은 **메누도**라고도 알려진 수프예요. 다진 소고기, 마늘, 양파, 고추, 아보카도잎으로 만들어요. 레몬, 양파, 고수, 오레가노로 간을 하고 빵 조각을 곁들여 먹어요. 오랜 역사를 자랑하는 **포솔레**는 옥수수, 돼지고기, 양배추, 고추를 넣고 만들어요. 몇 시간 동안 익힌 후 양파 뿌리, 매운 소스나 라임을 추가해요. **알본디가스**는 매운 고추 치폴레로 만든 소스, 야채 수프와 함께 먹는 미트볼이에요. **몰레 데 오야**는 대중적인 수프로 노팔선인장, 감자, 고기, 호박, 콩 그리고 두 가지 고추 **과히요**와 **빠시야**가 들어가요. **비리아**는 수프와 스튜 중간 정도의 음식으로 소금에 절인 염소 고기나 양고기에 향신료, 여러 종류의 고추, 토마티요, 육수, 라임, 양파, 생강을 넣어 만들어요.

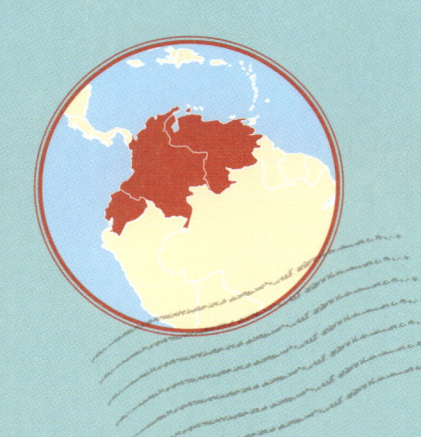

베네수엘라, 콜롬비아, 에콰도르

남아메리카의 다른 나라들처럼 이 세 나라에서도 정복자들과 이주민이 가져온 유럽 문화의 영향을 느낄 수 있어요. 유럽 음식은 원주민들의 음식과 나중에 섞이게 되었죠. 해안 마을에는 생선 요리가 많고 내륙 마을에는 고기를 더 많이 먹어요. 공통적으로 사용하는 식재료는 쌀, 플라타노 바나나, 감자, 콩, 옥수수예요. 콜롬비아는 **커피**를 재배하기에 매우 적합한 환경 조건을 가지고 있으며 커피를 가공하는 기술 또한 나날이 발전하여 오늘날에는 세계에서 가장 우수한 커피 중 하나를 생산하고 있어요. 커피는 베네수엘라와 에콰도르에서도 재배되는데 이 두 나라는 뛰어난 품질의 **카카오**로 더 유명하답니다.

세 나라에서 공통적으로 먹는 요리

끼니마다 등장하는 **아레파스**는 하얀 옥수숫가루로 만든 빵에 치즈 또는 햄을 넣고 철판에 굽거나 튀긴 음식이에요. **야핑가초스**는 타피오카나 감자로 만드는 팬케이크로 속에 치즈를 넣으며, 아침부터 먹곤 해요. 이러한 전통 요리는 집에서도 먹지만 전문 식당, 아레페리아스에서 맛볼 수 있어요.

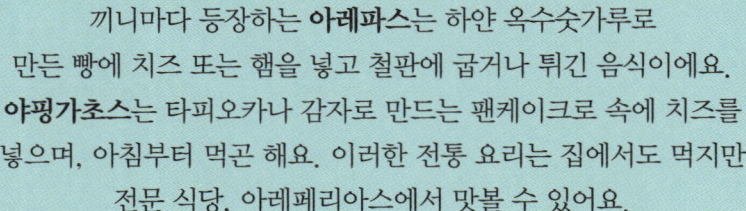

간단한 디저트이지만 아침으로도 먹을 수 있는 음식이 바로 **마사모라**(베네수엘라와 콜롬비아)와 **모로초**(에콰도르)예요. 우유에서 오랫동안 익힌 옥수수에 계핏가루, 건포도 그리고 **파넬라**라는 사탕수수에서 나오는 짙은 천연 설탕을 넣어 만들어요. 때로는 고기나 치즈를 넣어 죽처럼 즐기기도 해요.

둘세데레체(에콰도르에서는 **망하르 블랑코**라고 불러요)는 캐러멜 상태로 만든 우유로, 빵에 크림처럼 발라 먹어요.

남아메리카는 **엠파나다**의 세계라고 해도 과언이 아닐 거예요. 반죽이나 속에 들어가는 재료, 굽거나 접는 방법은 멕시코의 **토르티야**에 견줄 수 있어요. 지역, 계절, 먹는 시간에 따라 엠파나다 속에 넣는 재료가 달라져요. 다진 고기와 으깬 감자, 땅콩, 치즈, 호박, 고기 스튜, 닭고기, 쌀, 채소, 생선 등 다양한 재료가 들어가죠.

베네수엘라

아침 식사

베네수엘라 사람들은 **페리코스**(스크램블드에그)를 굉장히 좋아해요. 토마토와 피망에 섞거나 베이컨, 햄과 같이 먹고 **아레파스** 속을 채울 때도 활용해요.

카치토는 햄과 치즈를 가득 채운 샌드위치로 겉모습은 크루아상 같지만 더 쫄깃한 반죽으로 만들어요. 반면 **만도카**는 옥수숫가루에 플라타노(익혀 먹는 바나나의 한 종류)를 넣은 반죽을 튀긴 거예요. 따뜻할 때 버터, 치즈를 곁들여 먹어요.

판데 하몽은 좀 더 복잡한 음식이에요. 얇게 썬 햄이나 팬에 구운 베이컨, 건포도, 그린올리브, 고추를 빵에 넣어 만들어요. **카차파**는 두툼한 옥수수 팬케이크인데 옥수수 알이 그대로 씹히기도 해요. 철판이나 프라이팬에 구운 다음 케소 데 마노 (흐르는 치즈)나, 설탕, 크림으로 속을 채워요. **카사베**는 원주민들이 먹던 빵으로 타피오카로 만들고, 구운 후에는 치즈나 꿀을 곁들여 먹어요. 아침에는 홍차나 커피, 핫초코를 마셔요.

오늘은 어떤 요리?

제일 중요한 식사는 점심이에요. 아침 식사와 저녁 식사는 전에 먹었던 음식을 양만 줄여서 먹는 편이에요.

파베이온 크리오이오
콜롬비아를 대표하는 요리예요. 고기를 손으로 찢을 수 있을 정도로 부드러워질 때까지 삶은 다음 채소와 볶아서 밥, 삶거나 볶은 검은콩, 튀긴 플라타노 조각과 같이 먹어요.

수프
에르비도는 감자와 채소가 들어간 고기 또는 생선 수프예요. **소파 데 몬동고**는 소의 위를 셀러리, 양배추와 같이 레몬이나 타마린드 즙에 절인 음식이죠.

치보 알 코코
해안 지역의 음식으로 염소 고기를 코코넛밀크에 넣어 끓인 스튜. 플라타노를 튀겨 퓌레로 만든 **모퐁고**를 곁들여 먹어요.

아사도 네그로
파펠론(사탕수수에서 추출해 정제하지 않은 흑설탕), 파프리카, 와인이 들어간 소고기 숯불구이. 고기는 잘라서 흰밥, 플라타노, 상추 샐러드, 토마토, 양파를 곁들여 먹어요.

아야까
곡물, 다진 고기, 푹 익힌 야채를 바나나잎에 싸서 증기에 찐 음식.

코카다
코코넛밀크와 과육에 우유, 바닐라 아이스크림, 연유를 넣은 디저트.

보요 페론
옥수숫가루, 고기로 만든 크로켓으로 토마토소스를 뿌려 먹어요.

콜롬비아

아침 식사

빵 반죽이나 빵 속에 치즈 같은 유제품이 들어가는 전통 빵을 먹어요. **알모하바나**는 어느 정도 익힌 옥수수, 우유, 버터 그리고 리코타 치즈와 비슷하게 생긴 **쿠아하다**로 만들어요. **판데케소**는 타피오카 전분, 치즈 가루로 만들죠. **우에보스 페리코스**는 토마토가 들어간 스크램블드에그로 핫초코와 함께 먹어도 좋아요. **칼렌타도**는 남은 음식을 처리하는 요리예요. 전날 저녁에 남은 밥과 콩을 데워서 **아레파스**, 달걀, 매운 소시지나 돼지 껍데기, 핫초코와 함께 먹어요. **칼도 데 코스티야**는 소고기, 감자, 당근, 허브가 들어가는 수프예요. **창구아**라는 수프도 있어요. 물과 우유를 끓이다가 날달걀을 넣고 달걀이 익는 동안 노른자가 터지지 않도록 조심하면서 샬롯과 고수를 넣어요. 완성되면 **칼라두**(마른 빵) 조각을 곁들여 먹어요.

오늘은 어떤 요리?

아로스 데 리사
해안 마을에서 먹는 전통 음식으로 쌀과 숭어를 조리해 **비야오**(매우 흔한 열대 식물) 잎에 올린 다음 익힌 카사바와 함께 먹어요.

산코초
닭고기, 얇게 저민 돼지고기, 소고기 꼬리 등으로 만든 스튜. 감자, 카사바, 토마토, 샬롯, 고수를 함께 넣으며 아보카도, 밥을 곁들여 먹어요.

반데하 파이사
콩, 쌀, 다진 고기, 돼지 껍데기, 튀긴 달걀, 플라타노, 매운 소시지, 아레파스, 아보카도, **오가오 소스**(토마토, 샬롯, 향신료로 만든 소스)로 만든 별미 요리.

레초나
새끼 돼지 안에 쌀, 으깬 콩, 감자, 양파, 향신료를 넣고 야외 벽돌 화덕에서 구운 요리.

엔유카도
타피오카 전분, 코코넛, 아니스 씨, 페타 치즈와 비슷한 **케소 코스테뇨**로 만드는 매우 대중적인 케이크.

아로스 아토야도
잔치 요리로 빨강·노랑 파프리카, 주사위 모양으로 썬 양파, 당근, 완두콩, 쌀, 닭가슴살, 베이컨 혹은 소시지를 각각 준비한 후 섞어서 플라타노 튀김이나 감자튀김과 같이 먹어요.

아히아코
모두가 즐겨 먹는 국민 수프. 닭고기에 세 가지 종류의 감자 **크리오야·파스토사·사바네라**, 옥수수, 허브가 들어가며 아보카도와 같이 먹어요.

수다도 데 포요
감자, 토마토, 양파, 빨강·초록 파프리카, 고수 그리고 다른 향신료가 들어간 닭고기 스튜.

코시도 보야센세
토마토, 샬롯, 감자, 고구마, 잠두콩, 완두콩, 보리, 닭고기, 소갈비, 얇게 저민 돼지고기를 섞은 스튜.

코카다스
코코넛 가루를 구운 디저트. 주로 아몬드를 곁들여 먹으며, 색을 입히기도 해요.

에콰도르

아침 식사

달거나 짭짤한 빵 **판데살**, **판데둘세**, 그리고 타피오카가 들어간 **판데유카**, 치즈, **쿠아하다**를 먹어요. 쿠아하다는 꿀, 과일과 같이 먹거나 응고된 우유로 만들어 음료처럼 마셔요. **구아바잼**, 커피, 신선한 과일 주스도 아침 식탁에서 흔히 볼 수 있는 음식이에요. **세비체**(익히지 않은 해산물과 생선 살을 라임즙과 향신료에 재운 것)와 쌀, 플라타노와 함께 튀긴 생선은 언제든 먹을 수 있는 요리예요. 내륙 지방에서는 **모테 피요**처럼 곡물, 콩, 옥수수를 섞은 스크램블드에그를 먹어요. 아침부터 먹는 다른 음식으로는 으깬 플라타노와 기름에 살짝 볶은 마늘·양파를 섞은 **마하도 데 베르데**, 플라타노 과육을 납작하게 눌렀다 동그랗게 빚어 튀긴 **보론 데 베르데**가 있어요. 마찬가지로 초록빛 플라타노에 치즈, 양파를 넣고 튀긴 **엠파나다스 데 베르데**는 대중적인 길거리 음식이에요. **엠파나다스 데 비엔토**는 곡물로 만들어 치즈, 양파로 속을 채우고 설탕을 뿌려요. **우미타스**는 옥수수를 곱게 갈아 양파, 마늘, 달걀, 치즈를 넣고 옥수수잎에 싸서 증기에 찐 요리예요.

오늘은 어떤 요리?

점심에는 수프, 쌀 또는 감자에 고기 또는 생선이 들어간 음식, 샐러드, 익었거나 아직 초록빛을 띠는 플라타노, 매운 소스 그리고 경우에 따라 디저트와 커피를 먹어요. 저녁은 따뜻한 허브차와 빵으로 매우 가볍게 먹어요.

아로스 콘 카마로네스
해변에서 가장 많이 볼 수 있는 새우 덮밥. 새우나 랍스터, 육수, 양파, 후추, 토마토, 마늘, 커민, 파슬리에 익힌 밥이에요.

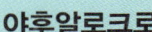

야후알로크로
양고기와 내장으로 만든 가벼운 스튜. 아보카도, 적양파를 곁들여 먹는 안데스 대표 요리예요.

파네스까
성주간(부활절 전의 일주일)에 먹는 수프로 호박, 말린 대구와 우유, 마늘, 땅콩, 커민 씨에 열두 가지 곡물이나 콩을 넣고 만들어요. 열두 가지 곡물은 예수의 열두 제자를 상징해요.

엔세보야도
아침부터 저녁까지 누구나 즐기는 국민 음식. 식당에서도 이른 아침부터 먹을 수 있어요. 참치나 가다랑어 같이 육질이 풍부한 생선 수프로 카사바와 절인 적양파를 곁들여 먹어요. 튀긴 플라타노, 팝콘, 또는 빵과 같이 먹죠.

세코 데 치보
마늘, 커민, 오레가노, 고추, 양파, 고수, 토마토, 나랑히야즙, 발효시킨 옥수수즙, 흑설탕, 향신료를 넣고 만든 소스에 끓인 염소 스튜. 다른 고기 요리처럼 밥과 함께 먹어요.

과띠따스
소의 위, 감자, 땅콩소스가 들어간 스튜 요리. 매우 대중적인 음식이에요.

페루와 볼리비아

이 두 나라에서는 잉카 문명을 만날 수 있어요. 볼리비아에는 원주민과 유럽 사람들의 풍습이 잘 어우러져 나타나며, 페루는 세계에서 가장 다양한 음식을 자랑하는 나라예요. 그 종류가 어찌나 많은지 전통 음식이 수백 가지, 디저트가 수백 가지, 수프는 수천 가지라고 해요. 페루는 서로 매우 다른 특징을 지닌 세 지역으로 나눌 수 있어요. 해안 지대, 아마존 산림 지대, 안데스 산맥 지대이죠. 볼리비아는 숲이나 산간 지방 전통의 영향을 더 많이 받았어요. 페루는 안데스, 아시아, 아마존의 조리법에 스페인, 독일, 이탈리아, 일본 문화가 섞인 크리오야라고 불리는 독특한 음식 문화를 이루었어요. 구체적인 예로 페루와 중국 요리의 만남으로 탄생한 치파, 페루와 일본의 만남으로 탄생한 니케이 요리가 있죠.

페루

아침 식사와 간식

버터를 바른 빵을 먹고 홍차나 커피를 마셔요. 삶은 옥수수나 치즈, 매운 채소인 **코코나**와 함께 튀긴 바나나도 먹을 수 있어요. 대범한 사람들은 튀긴 **피라냐**에 바나나와 양파를 곁들여 먹기도 해요. 이곳에도 옥수수잎에 재료를 싸서 만든 **타말레스** 혹은 **우미타스**를 많이 먹어요. 간식은 론체라고 불러요. 언제 먹어도 좋은 간식으로는 돼지 껍데기 튀김을 넣은 샌드위치 **판콘치차론**과 햄이 들어간 전통 샌드위치 **부티파라**가 있어요.

점심과 저녁 식사

가장 중요한 점심은 가벼운 음식으로 시작해서 메인 요리를 먹고 디저트로 마무리해요. 저녁에는 아침에 먹었던 것을 똑같이 먹을 때가 많아요. **후아네스**(쌀, 닭고기, 올리브, 삶은 달걀, 향신료를 비야오라는 식물 잎으로 감싸 끓인 것)를 먹거나 감자 혹은 옥수수 수프를 먹기도 해요. 남은 음식을 활용하는 요리로 유명한 **타쿠타쿠**는 전날 남은 밥이나 파스타가 냄비 바닥에 누룽지같이 눌어붙을 때까지 끓여 먹는 요리예요.

오늘은 어떤 요리?

파차망카
채소를 곁들여 먹는 소고기, 양고기, 닭고기, 돼지고기 요리로 아침부터 먹는 음식이에요. 잉카인들에게서 유래한 것으로 전통 조리법에 따르면 고기 조각과 채소를 플라타노잎으로 감싸서 달군 돌에 올려요. 그리고 나뭇잎과 흙으로 덮은 후 기다려요. 다 익으면 고추와 치즈로 만든 매운 소스 **합치**와 같이 먹어요.

세비체
라임즙이나 자몽즙, 매운 고추, 양파, 고수에 재운 생선이나 해산물로 페루의 대표 요리예요. 중남미의 다른 나라에도 많이 알려져 있어요. 주사위 모양으로 자른 고구마, **카모테**와 함께 먹고 가끔 카사바나 옥수수를 곁들이기도 해요. 생선을 재우고 남은 새콤한 국물, **티그레 세비체리아**는 에피타이저로 먹어요.

초리토스 알 라찰라카
다진 양파, 토마토, 삶은 옥수수, 라임즙을 넣은 홍합 요리.

아로스 차우파
중국 요리 차오판에서 유래한 단어로 양파, 달걀, 닭고기, 돼지고기, 소고기 혹은 새우, 채소, 간장과 밥을 팬에 볶은 요리.

추페 데 카마로네스
해안 지역에서 먹는 수프로 우유, 감자, 새우, 고추를 끓여 만들어요.

치카 모라다
페루의 가장 대중적인 음료로 자색옥수수 **모라도**에 파인애플, 계피, 정향, 마르멜루(유럽모과)를 넣고 끓여서 만들어요.

볼리비아

아침 식사와 간식
국민 음식인 **살테냐스**는 아침부터 먹어요. **엠파나다**에 소고기, 돼지고기 또는 닭고기와 매콤하고 달짝지근한 소스를 넣어 먹어요. 고기, 채소, 삶은 달걀, 매운 야화 소스를 넣어서 튀긴 **투쿠마나스**도 아침 식사 또는 간식으로 먹어요.

점심과 저녁 식사
하루 중 가장 중요한 점심 식사는 충분히 여유롭게 먹고 즐겨요. 회사와 상점들이 최소 세 시간 정도의 휴식 시간을 가지죠. 이 시간에는 시에스타라는 낮잠도 잘 수 있어요. 수프가 빠진 점심은 상상할 수 없어요. 땅콩으로 만든 **소파 데 마니**는 가장 사랑받는 수프 중 하나예요. 고기 요리는 반드시 하나씩 포함되며 밥, 감자, 디저트와 커피를 마셔요. 대신 저녁은 가볍게 먹는 편이랍니다.

몬동고
돼지고기와 내장, 고추, 마늘, 파프리카를 넣고 만든 스튜로 부드러운 옥수수를 곁들여 먹어요.

삭타 데 포요
매운 닭고기 스튜로 밥, 잘게 썬 토마토, 양파, **추뇨**(냉동 건조한 감자)를 곁들여 먹어요.

마하디토
아나토(빨간색을 내는 향신료)로 색을 입힌 쌀에 말린 고기, 양파, 파프리카, 마늘, 다진 토마토를 넣고 볶아 달걀 프라이를 올린 요리. 튀긴 바나나와 함께 먹어요.

플라토 파세뇨
통옥수수, 라이머콩, 삶은 감자, 구운 치즈를 한 접시에 담아 먹는 요리.

실판쵸
다진 고기에 토마토, 양파, 감자를 섞어 밥에 올린 오무라이스처럼 생긴 요리로 달걀 프라이를 올려 먹어요.

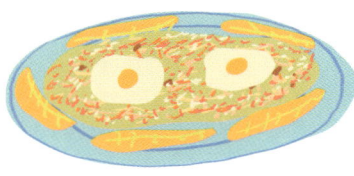

브라질

브라질은 면적이 매우 넓은 나라로 마을마다 재배하는 작물, 풍습이 다르고 빈부 격차도 커요. 토착민들이 먹던 음식과 유럽, 아프리카, 아시아 이주민들이 가져온 음식이 결합된 모습이 나타나요. 지역에 따라 먹는 음식이 다르지만 지역마다 어떤 음식을 먹는지 잘 알려져 있답니다. 예를 들어 브라질 북동부에 있는 바이아주에서는 아프리카와 포르투갈의 영향을 받아 고추와 야자유를 사용하고 북서부에서는 갑각류, 생선, 육포, 카사바를 먹어요. 남부에서는 아르헨티나의 영향으로 구운 고기를 즐겨 먹는답니다.

아침 식사

커피 한잔에 빵 한 조각이나 과일 또는 타피오카 전분과 치즈로 만드는 아프리카식 샌드위치, **팡 지 케이주**를 먹어요. **헤케이자웅**은 요거트처럼 부드럽지만 신맛은 덜한 크림치즈로 아침에 먹기에 최고예요. **둘세데레체**는 우유에 설탕을 넣어 오래 끓여 크림처럼 만든 것으로 남아메리카에서는 모두가 아는 음식이에요. 하지만 누가 뭐래도 과일이 주인공이에요. 주스로 만들어 먹기도 하고 과일 그대로 먹기도 하죠. 여기에 카페라떼(브라질은 세계에서 가장 큰 커피 생산지 중 하나예요), 우유 혹은 핫초코로 아침 식사를 완성해요.

오전 시간이 반쯤 지나면 종종 간식을 먹는데 이것을 랑시다마냐라고 해요. 오후에 먹는 간식은 카페 다 타르지라고 해요. 북서부에서 먹는 전통 길거리 음식은 아프리카에서 유래한 **아카라제**인데 갈색 빛깔의 콩 반죽에 고추를 넣어 튀긴 크로켓이에요. **코치냐**도 닭다리 모양의 대중적인 크로켓인데 밀가루, 육수를 섞어 치즈와 채소를 넣은 뒤 튀긴 음식이에요.

점심과 저녁 식사

하루 중 가장 중요한 점심 식사를 위해 아주 긴 휴식 시간을 가져요. 집이나 쉽게 찾을 수 있는 카페테리아에서 보통 먹는데, 주로 밥과 마늘·양파에 볶은 콩을 먹어요(밥에는 토마토를, 콩에는 월계수잎과 베이컨을 추가해요). **파로파**(타피오카 전분에 물을 섞어 버터에 볶은 음식), 샐러드, 고기, 보리죽, 감자 혹은 옥수수를 먹죠.

저녁은 비교적 가볍게 즐겨요. 수프나 파스타 한 접시, 샌드위치나 햄버거로 말이죠. 오후에 만약 간식을 먹었다면 잠들기 전 수프, 파스타, 샐러드로 늦은 저녁 식사를 해요. 이걸 세이아라고 해요.

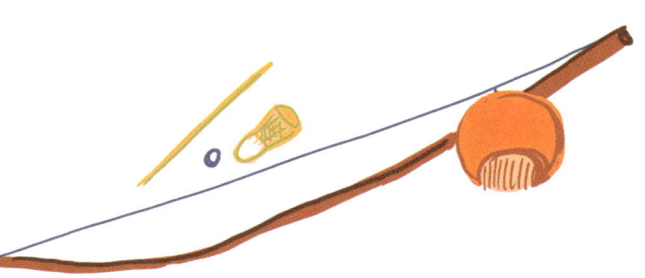 

오늘은 어떤 요리?

페이조아다
브라질을 대표하는 요리 중 하나로 점심때, 특히 토요일과 일요일에 먹어요. 검은콩과 말린 소고기 또는 돼지고기(훈제한 갈비나 귀, 베이컨 등)를 뚝배기에 넣어 약불로 오래 끓여요. 밥, 찐 양배추, 오렌지, **파로파**를 곁들여 먹어요.

파투누 투쿠피
O·마존의 전통 음식으로 오리, 마늘, 레몬을 **투쿠피**(카사바 나무에서 추출한 즙) 국물에 넣고 끓인 요리예요.

아호스 콩 페이장
밥과 콩은 브라질에서 가장 기본이 되는 음식이에요. 최근에는 스파게티·라자냐 같은 다양한 파스타, 중국·일본에서 건너온 라멘·야키소바가 밥과 콩을 대체하기도 하지요.

엠파도
다진 고기, 새우, 쌀, 감자, 콩, 그리고 여러 채소를 볶아 속을 채운 파이.

모케카
바이아주 음식으로 빨간 고추, 토마토, 양파, 정향, 마늘이 들어간 생선 수프이며 코코넛밀크를 넣어 만들기도 해요.

비라두
상파울루를 상징하는 요리로 체에 거른 콩죽, 밥, 양배추, 돼지 껍데기, 얇게 저민 돼지고기, 빵가루를 입힌 바나나, 달걀 프라이를 한 접시에 담아내요.

바이앙 데 도이스
북서부 음식으로 콩, 얇게 저민 고기, 말린 고기, 매운 소시지, 마늘, 양파, 식초를 넣고 만들어 오징어나 문어 요리에 곁들여요.

카루루
튀긴 오크라, 팜유, 말린 새우, 양파, 땅콩 또는 캐슈너트에 하얀 쌀밥을 곁들여 먹는 요리

타카카
카사바 뿌리를 우린 국물에 새우와 노랑 고추를 넣은 수프로, 반으로 잘라 속을 파낸 호박에 담아 식탁에 올려요.

퀸딤
포르투갈에서 유래한 푸딩으로 달걀 노른자, 설탕, 코코넛 가루를 섞어 오븐에 구워 만들어요.

슈하스카리아는 남부 지방의 전통적인 식당으로 간을 한 고기(닭고기, 돼지고기, 소고기, 양고기)를 숯불에 구운 **슈하스코**를 먹을 수 있는 곳이에요. 꼬챙이에 구운 고기를 썰어서 식탁에 올리며 뷔페식으로 준비된 따뜻하거나 차가운 전채 요리를 먼저 먹어요.

파스텔라리아에서는 치즈, 말린 대구, 닭고기, 새우를 넣은 사각형 타르트 **파스테우**를 팔아요. 사탕수수에서 나온 즙으로 만든 초록색 음료, **카우두 데 카나**와 함께 먹어요.

파소카스
땅콩을 빻아 설탕을 섞어 만든 사탕이에요.

볼루 데 캐슈타냐 도파라
피칸과 연유로 만든 파이예요.

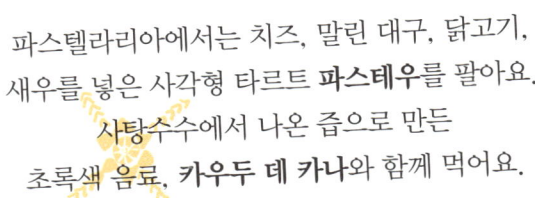  

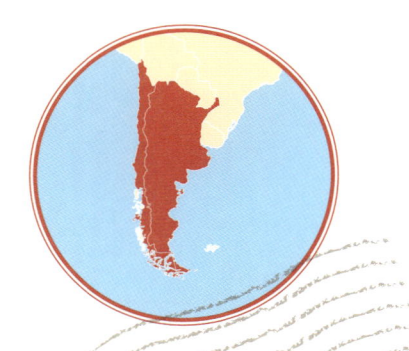

아르헨티나와 칠레

두 나라의 음식은 원주민들의 전통과 식재료, 그리고 이주민이 가져온 유럽 음식이 조화를 이루고 있어요. 칠레는 태평양을 따라 길게 늘어진 나라인 반면 넓은 목초지를 자랑하는 아르헨티나는 농업이 발달했어요. 아르헨티나에서는 곡물을 많이 생산하는데, 곡물은 소를 키우는 데에도 필요해요. 우유도 많이 생산하지만 아르헨티나는 무엇보다 세계에서 가장 중요한 육류 소비국이자 수출국이에요. 칠레의 해안은 우수한 품질의 생선과 해산물을 풍부하게 공급해 줘요.

오늘은 어떤 요리?

아사도
아르헨티나를 상징하는 요리이지만 칠레에서도 먹는 음식이죠. 아사도는 석쇠에 구운 다양한 고기 즉 요리 자체를 가리키는 단어이지만 고기를 자르거나 굽는 기술을 일컬을 때도 사용하는 단어예요. 고기는 천천히 몇 시간에 걸쳐 구워야 해요. 다 구워지면 파슬리, 고추, 다진 마늘, 기름과 식초로 만든 소스 **치미추리**를 뿌려 간을 해요. 또 다른 소스로 **크리오야**가 있는데 토마토와 양파를 식초에 절인 거예요. 두 국가가 걸쳐 있는 지역인 파타고니아에서는 양고기를 즐겨 먹는데, 주로 세로로 세운 꼬챙이(코르데로 알 팔로)에 끼워서 구워요.

차르키칸
소고기를 볶아 말린 후 호박, 감자, 하얀 옥수수, 콩, 양파를 섞어 만든 스튜. 달걀 프라이를 올려서 먹어요.

엠파나다
옥수숫가루로 만든 반죽에 다양한 재료를 채운 반달 모양의 음식. 매우 유명하고 지역에 따라 만드는 방법이 달라요.

파스텔 데 초클로
칠레를 대표하는 음식 중 하나로 아르헨티나에도 잘 알려져 있어요. 부드러운 옥수숫가루 반죽에 바질을 넣어 풍미를 더하고 우유와 돼지기름을 넣고 익혀요. 보통 다진 소고기, 양파, 향신료를 더해 줘요.

밀카오
감자를 갈아서 돼지기름과 향신료를 섞은 다음 튀기거나 오븐에 구운 요리예요. **쿠란토**라는 전통 조리법에 따르면 땅에 구멍을 파서 뜨거운 돌을 채우고 그 위에 부침개(고기나 야채가 들어가도 좋아요)를 올린 후 **팡게**라는 현지 식물의 커다란 잎과 흙으로 구멍을 덮은 뒤 익을 때까지 몇 시간 동안 기다려요.

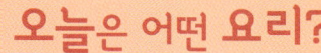

아르헨티나

아침 식사와 간식

빵에 우유로 만든 달콤한 잼 **둘세데레체**를 발라 먹어요. **토르타스 프리타스**는 발효시킨 반죽을 튀긴 빵으로 간식으로도 먹어요. 인기 음료인 **마테**는 마테나무 잎을 말려 우린 차예요. 금속 재질의 전용 빨대, 봄빌라로 마셔요. 어린이들은 따뜻한 우유에 초콜릿 막대를 녹여 먹는 **숩마리노**를 정말 좋아해요.

점심과 저녁 식사

점심이 가장 중요한 식사라면 저녁은 늦게 먹기도 하고 남은 음식으로 간단히 먹어요. 일요일에는 프리모(밥이나 파스타 요리), 세콘도(고기나 생선 요리), 디저트 순으로 먹어요. 이탈리아 이주민들의 영향도 확인할 수 있어요. 라비올리, 아뇰로티, **타야리네스** 같은 음식들 말이죠. 파스타는 알덴테(면을 삶았을 때 안쪽에서 단단함이 느껴지는 정도)로 삶아요. **라자냐**, 리소토, 폴렌타(이탈리아식 죽 요리)도 있어요. 오븐이나 석쇠에 구운 고기도 빠지는 법이 없죠.

오늘은 어떤 요리?

피카다스
이탈리아 음식의 특징과 스페인의 타파스를 합친 애피타이저예요. 주사위 모양으로 자른 햄과 치즈, 소금 간이 된 말린 과일, 야채 튀김, 삶은 달걀, 생선, 피클 등을 큰 쟁반에 구분해서 담아요.

로크로
옥수수, 토마토, 호박, 양파, 콩, 감자, 소고기, 돼지 족발과 귀, 매운 소시지를 넣은 수프.

귀소
마카로니 같은 짧은 파스타를 넣은 고기와 야채 스튜.

찬파이나
스페인에서 유래한 스튜로 특히 북동부 지방에서 많이 먹어요. 양고기, 양 선지, 양파, 마늘, 월계수, 고추를 넣고 만들어요.

칠레

아침 식사와 간식

울포는 볶은 밀가루, 우유 혹은 따뜻한 물, 꿀을 섞은 죽으로 아침에 먹기에 완벽한 음식이에요. **코네히토**는 도넛과 비슷하지만 튀기지 않아요. 반면 감자 안에 소고기, 양파, 올리브, 향신료를 넣은 **파파 레예나**는 튀긴 요리로 훌륭한 간식이 되기도 하지요. 오후 5시와 11시 사이에 종종 저녁 대신 먹는 간식을 **라손세**라고 하는데 홍차, 커피, 우유, 케이크와 다른 디저트, **아우아야**나 **마라케타** 같은 빵으로 만든 샌드위치, 아보카도, 달걀 등을 먹어요.

점심과 저녁 식사

저녁 식사는 종종 간식으로 대체돼요. 아침 식사 후에는 낮 동안 수시로 무언가를 먹을 수 있어요. 그러니까 점심 식사 시간이 정해져 있지 않은 거죠. 생선이 풍부한 나라로 해산물이 들어간 조리법이 많이 있어요.

오늘은 어떤 요리?

카수엘라
소고기 혹은 닭고기 수프로 호박, 감자, 당근, 옥수수, 고추, 고수가 들어가요.

파일라 마리나
다양한 종류의 생선, 오징어, 고추, 와인, 토마토소스, 고수를 넣고 끓인 수프.

칼디요 델 콩그리오
붕장어 수프로 감자, 양파, 마늘, 토마토, 고수를 넣고 온기를 유지하도록 두꺼운 질그릇에 담아 먹어요.

마차살라 파르메사나
조개에 파르미지아노 치즈를 덮고 화이트와인이나 레몬즙을 뿌려 오븐에 몇 분 동안 구운 요리.

63

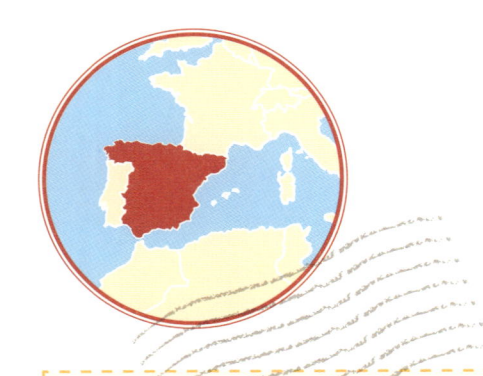

스페인

높은 산맥, 사막, 섬, 바다가 국경을 둘러싸고 있는 만큼 다양한 기후와 환경이 존재해요. 그래서 지역에 따라 문화와 전통, 음식이 매우 다른 모습으로 나타나죠. 기후가 더 시원하고 습한 북부 지역에는 고기, 스튜, 송어를 주로 먹어요. 해안 지역에서는 해산물 요리가 유명하고 참치와 문어가 많이 잡혀요. 바르셀로나 근처 해안에는 지중해식 음식 문화가 퍼져 있는데, 생선구이와 샐러드 같은 가벼운 요리를 좋아하죠. 반면에 중부 지방에서는 따뜻하거나 시원한 수프, 구운 고기류나 구운 채소를 즐겨 먹어요.

아침 식사

스페인에서 아침 식사는 데사유노라고 해요. 평범한 날에는 **카페콘레체**(우유를 넣은 커피)와 빵, **마들렌**으로 비교적 느긋하게 식사를 해요. 특별한 날, 식탁에는 맛있는 **추로스**가 빠지는 법이 없죠. 부드럽게 튀겨 낸 반죽에 설탕을 입혀 뜨거운 초콜릿에 푹 적셔 먹는답니다.

점심과 저녁 식사

점심을 뜻하는 알무에르소는 간단하게 끝내는 식사가 아니에요. 좋은 사람들과 함께 앉아서 밥을 먹기 위한 시간이죠. 보통 오후 2시와 4시 사이에 점심을 먹고 9시에서 11시 사이에 저녁을 먹어요. 그 사이에 **보카디요**(샌드위치)나 **토르티야**(감자로 만든 오믈렛)를 한입씩 먹으며 배고픔을 달래죠. 식사는 언제나 과일 혹은 푸딩이나 젤라토(아이스크림) 같은 가벼운 디저트로 마무리해요. 많은 사람들이 주말이면 시골에 있는 농장, 핀카에서 보내는 것을 좋아해요. 점심에 친구들을 초대하여 긴 식탁에 둘러앉죠. 식사는 대개 집에서 가져온 애피타이저로 시작하고, 뒤를 이어 맛있는 바비큐가 등장한답니다.

즐겨 먹는 식재료

쌀은 감자와 함께 스페인 요리의 가장 중요한 재료라 할 수 있어요. 이 밖에 오렌지, 아몬드, 꿀, 포도, 올리브, 마늘, 사프란, 안초비, 오일, 토마토, 피망과 **만체고 치즈**(양젖으로 만든 치즈) 등이 있죠.

오늘은 어떤 요리?

파에야
스페인의 대표적인 전통 음식으로 프라이팬에 쌀과 야채, 생선, 고기를 볶은 요리. 수많은 조리법이 있지만 발렌시아 지방이 원조예요. 파에야를 만들 때 사용하는 넓적한 프라이팬에서 그 이름이 유래했어요. 양쪽에 손잡이가 달린 큰 프라이팬을 바로 식탁에 올려서 먹곤 해요.

보케로네스 엔 비나레
식초에 절인 안초비.

코시도
고기와 채소를 넣은 스튜. 고기에는 병아리콩을, 채소에는 소시지를 곁들여요. 국물이 익을 때 쯤 쌀을 추가하여 죽처럼 함께 내기도 한답니다.

바칼라오 알필필
마늘 소스를 곁들인 대구 요리.

파바다 아스투리아나
잠두콩과 소시지를 넣은 아스투리아스 지방 음식.

카요스 아 라마드릴레냐
소의 내장과 콩이 들어간 마드리드 지방 전통 요리.

크레마 카탈라나
커스터드 크림 위에 설탕을 가열하여 만든 캐러멜 토핑을 얹은 디저트.

가스파초
피망, 토마토, 오이, 양파를 넣고 만든 차가운 수프로 스페인 국민 요리 중 하나예요.

파타타스 아 로포브레
피망과 감자로 만든 요리.

수케트 데 페이스 데 로카
옛날에 고기잡이배에서 만들어 먹던 생선 스튜. 팔리지 않은 고기를 재료로 썼다고 해요.

카라콜레스 아 라야우나
프라이팬에 구운 달팽이 요리.

토르티야
두툼한 감자 오믈렛으로 양파와 그 밖의 채소, 소시지 등 수많은 재료와 조합이 가능해요.

포테 갈리치아노
갈리시아 지방 음식으로 완두콩과 돼지고기가 들어간 수프.

피스토 만체고
채소를 볶아 계란을 넣고 만든 스튜.

풀포 아 라가예가
문어와 감자, 파프리카가 들어간 갈리시아 지방 요리.

오르차타 데 추파
물, 설탕 그리고 타이거너트 오일을 섞어 만든 달콤한 여름 음료.

스페인에는 다양한 전통 햄이 있어요. **초리소**(매운 소시지), **로모**(돼지 채끝살로 만든 햄), **하몬 이베리코**(이베리코라는 돼지 품종으로 만든 햄), **파타 네그라**('까만 발굽'이란 뜻으로 야생에서 자란 흑돼지 넓적다리), **하몬 세라노**(산악 지대에서 생산하는 대중적인 햄), **모르시야**(선지, 쌀, 양파에 오레가노를 넣은 순대) 등이지요.

요건 몰랐지?

사람들은 카페에서 대화를 나누며 수많은 종류의 간식을 맛보는데, 이 걸 **타파스** 혹은 **핀초스**라고 불러요. 타파스는 '덮다'라는 뜻의 타파에서 유래했어요. 와인에 벌레가 들어가지 못하도록 빵을 한 조각 올려 잔을 덮은 풍습에서 타파스가 탄생했지요. 빵 위에 음식을 좀 얹어 한입에 먹어도 좋겠다고 생각한 거예요. 핀초스는 꼬챙이란 뜻이에요. 빵 위에 올린 음식을 고정시키기 위해 꼬챙이를 꽂기도 해요.

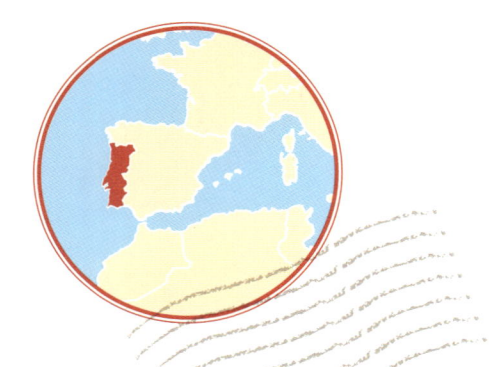

포르투갈

국토의 많은 부분이 대서양과 마주보고 있는 포르투갈은 생선이 많이 잡힐 뿐만 아니라 해상 무역의 혜택을 누릴 수 있었어요. 포르투갈을 떠난 탐험가들이 돌아올 때면 향신료를 비롯하여 다양한 식재료를 가지고 왔어요. 아메리카 대륙 발견 이후에는 감자, 토마토, 호박, 강낭콩, 파프리카, 칠면조도 맛볼 수 있었죠. 오늘날 식탁에서는 돼지고기, 생선, 빵, 달걀, 와인을 많이 볼 수 있어요.

아침 식사

포르투갈 사람들은 아침으로 **브로아 더미로**라고 하는 곡물 혹은 옥수수로 만든 빵과 버터, 치즈, 햄, 잼을 먹어요. 그리고 우유, 커피, 차 혹은 핫초코를 마시죠.

점심과 저녁 식사

'타스카'라고 부르는 식당 혹은 카페테리아에서는 친구들과 함께 입맛을 돋우는 간단한 애피타이저, **페치스쿠**를 즐겨요. 대부분의 음식에 감자와 쌀이 곁들여지지만 식탁에서 빵이 빠지는 법은 없어요. 수프는 포르투갈 음식에서 중요한 역할을 하는데 식사의 시작을 알릴 뿐 아니라 때로는 그 자체로 근사한 요리가 되기도 하죠. **소파스**는 진한 야채 수프를 말하는 반면 맑게 끓인 수프는 **카우두**라고 해요. **초록 카우두**는 양배추, 감자, **쇼리수**(훈연한 고기로 만든 소시지)를 넣은 수프이고 옥수수빵과 함께 먹어요. **아소르다**는 잘게 자른 빵을 주재료로 하는 수프예요. 여기에 마늘, 고수, 기름, 식초, 반숙 달걀 넣는 등 수많은 방법으로 만들 수 있고 해산물을 넣기도 해요. **칼데이라다스**는 생선과 채소를 쪄서 만든 포르투갈 전통 음식이에요.

조리 방식에 따라 요리 이름이 정해지기도 해요. **카타플라나**라는 냄비는 음식을 익힐 때 오븐 역할을 해요. 구리로 만들어진 냄비와 뚜껑 덕분에 음식이 안에서 천천히 익어 가지요. 조리가 끝나고 나면 냄비 통째로 식탁에 올릴 때가 많아요.

오늘은 어떤 요리?

프란세지냐
스테이크와 햄으로 채운 샌드위치에 치즈를 얹은 다음 토마토소스, 맥주, 고추를 넣고 오븐에 구워요. 달걀 프라이 혹은 감자튀김을 곁들여 내놓을 수 있는 요리.

란쵸스
병아리콩이 들어간 고기, 채소 스튜.

정어리 구이
그릴에 구운 신선한 정어리예요. 정어리를 소금과 기름에 절여 통에 보관했다가 다른 나라에 수출하기도 해요.

디저트
중세 시대부터 수녀원에서 탄생한 레시피 덕분에 디저트 종류가 매우 다양해요. 보통 달걀 노른자를 기본 재료로 해요. 달걀 흰자는 수녀들의 옷에 풀을 먹이고 화이트와인을 만들 때 나오는 발효 포도액을 닦을 때 사용됐기 때문이죠. **파스테이스 데 나타**는 크림이 들어간 파이예요. **오부쉬 무쉬**는 얇은 밀가루로 만든 틀에 달걀 노른자, 설탕이 들어간 크림을 채운 과자예요. **아호즈 도스**는 쌀과 달걀, 레몬, 계핏가루로 만든 푸딩이에요. **푸징 플라**는 달걀과 설탕을 넣은 푸딩이고, **볼루 데 아호스**는 쌀로 만든 머핀이죠. 머랭을 끓인 우유에 넣어 만드는 **파로피아스**는 떠먹는 디저트로 포슬포슬한 식감을 자랑해요. 그리고 달걀과 설탕으로 만든 아주 가느다란 스파게티 면, **피오스 데 오보스**가 있어요.

코지두
소고기, 돼지고기, 소시지, 쌀과 야채를 넣고 만든 스튜를 말해요.

페이조아다스
콩, 소고기, 돼지고기를 넣은 스튜 요리

트리파스 아 모다 두 포르투
흰콩을 넣어 만드는 가장 흔한 포르투갈 내장 요리

이스카스 콘 엘라스
소금에 절인 송아지 간을 버터를 바른 감자와 튀겨 낸 요리

포르투갈 식탁을 대표하는 식재료는 소금 간을 한 마른 멸치와 말린 대구예요. 냉장고가 발명되기 전에 이러한 방법으로 생선을 오래 보관했고 선원들은 식량으로 싣고 다닐 수 있었지요. 생선을 먼저 물 또는 우유에 담가 둔 후 조리해야 해요. 레시피는 365개 정도가 있다고 하는데 그중 가장 유명한 것은 **바칼라우 아 브라스**(소금에 절인 대구를 감자와 함께 튀겨 양파, 올리브, 스크램블드에그로 버무린 요리), **바칼라우 아 고미 다 싸**(감자, 양파, 삶은 달걀을 넣고 크로켓 모양으로 만든 요리)예요. 감자, 달걀, 양파, 파슬리를 섞은 **파스테이스 지 바칼라우**는 종종 애피타이저로 활용되지요.

요건 몰랐지?
포르투갈 사람들은 1600년쯤 동남아시아에서 오렌지를 수입했어요. 나중에 포르투갈 사람들은 세계에서 오렌지를 가장 많이 수출하는 사람들이 되었죠. 그래서 여러 나라 언어(터키어부터 아랍어, 그리스어까지)와 많은 이탈리아어 사투리에서 '오렌지'란 단어는 '포르투갈 사람들'을 의미해요.

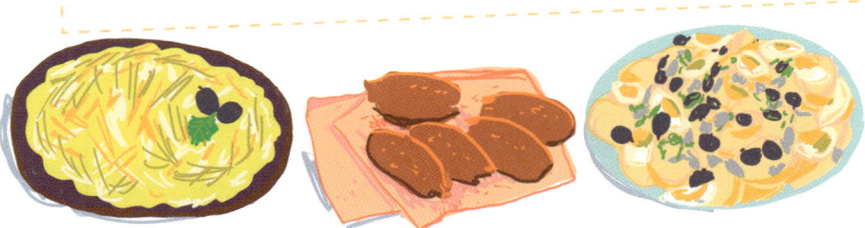

프랑스

세계에서 가장 중요한 요리 중 하나인 프랑스 요리는 전통 음식 조리법과 세계적으로 이름이 알려진 셰프들의 음식으로 유명해요. 프랑스 요리사들의 수 세기에 걸친 노고로 2010년 프랑스 음식 문화는 유네스코 무형문화유산으로 등재되었어요.

아침 식사와 간식

아침 식사로는 커피, 카페라떼, 홍차, 버터나 잼을 바른 빵, 우유, 요거트, 과일을 먹어요. 카페에서 먹는 향긋한 **크루아상**, **팽오쇼콜라** 그리고 건포도가 들어간 나선 모양의 **팽오레잔**으로 좋은 하루를 시작할 수 있죠.

햄과 **에멘탈 치즈**를 넣어 오븐에 데우거나 프라이팬에 노릇하게 구운 **크로크 무슈**는 훌륭한 간식에요. 이와 전혀 다른 **팽바냐**는 코트다쥐르 지방의 전통 음식으로 멸치, 삶은 달걀, 참치, 양파, 토마토, 양배추 같은 채소를 넣은 **니수아즈 샐러드**로 속을 채운 샌드위치예요. 니스 지역의 간식인 **피살라디에르**는 양파를 갈아 간을 한 빵 반죽에 멸치와 블랙올리브를 올린 피자 파이예요. **소카**는 병아리콩을 반죽하여 얇게 구운 파이로 이탈리아에서 탄생했지만 프랑스 니스와 지중해 연안 마을의 전통 음식으로도 자리매김했죠. 과일잼 혹은 초콜릿, 설탕이나 메이플시럽을 넣은 **크레페**는 언제 먹어도 맛있어요.

점심과 저녁 식사

요리가 나오는 순서는 점심과 저녁이 다르지 않아요. 야채 수프 또는 **비네그레트**(오일, 식초, 겨자, 허브, 샬롯) 소스를 뿌린 샐러드처럼 가벼운 요리로 시작해요. 고기나 생선을 잘게 다져 향신료와 버터, 생크림을 넣어 만든 **테린**은 젤라틴으로 덮어 차갑게 내는 음식이에요. 주요리인 고기나 생선에는 구운 채소와 밥, 가끔은 파스타, 크넬이 따라 나오죠. 반원 모양의 **크넬**은 고기나 생선에 빵 부스러기나 밀을 섞어 끓는 물에 익히는 음식을 말해요. 한 종류의 과일 또는 수많은 종류의 치즈 중 한 조각으로 식사를 마쳐요. 아니면 **파이셀**이라 부르는, 요거트와 리코타 치즈 중간 정도 질감의 치즈에 꿀을 추가해서 먹어요. 부드럽고 숟가락으로 떠먹을 수 있는 훌륭한 후식이죠.

키슈는 타르트 반죽으로 만드는 케이크인데 다양한 재료로 속을 채워요. 보통 한 종류 이상의 채소에 달걀과 크림을 섞어 만들어요. 가장 유명한 **로렌 키슈**는 로렌 지방에서 유래한 타르트인데 속에 채소가 들어가지 않고 베이컨 조각만 넣어 만들어요. 짭짤한 케이크와 프리타타의 중간 정도의 요리가 **클라포티**인데 달걀과 밀가루로 반죽을 해서 오븐에 구워요. 체리, 자두 혹은 살구를 추가하여 달콤하게 만들거나 버섯, 치즈 또는 시금치를 넣어 짭짤하게 만들죠.

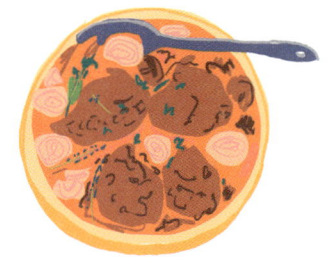

오늘은 어떤 요리?

연체동물 요리
식당에 가면 애피타이저로 항상 **에스카르고**(달팽이) 요리를 만나볼 수 있어요. 마늘, 버터, 파슬리로 간을 하고 달팽이 집과 함께 접시에 담아서 내요. **위트르**(굴)은 껍질을 활짝 열어 날것으로 먹을 수 있도록 담아요. **물**(홍합)은 프라이팬에 마늘, 파슬리 그리고 종종 크림을 넣어 요리해요.

라타투이
여름에 나는 채소(토마토, 피망, 애호박, 양파, 가지)를 넣어 만든 스튜로 훌륭한 메인 요리이자 사이드 요리.

그라탱 도피느와
얇게 썬 감자에 우유를 넣고 굽는 그라탱 요리. 감자 층을 쌓을 때 중간에 치즈 혹은 **사워크림**을 넣어요. 그리고 마지막 층에 다시 치즈를 듬뿍 올려 오븐에 구워요.

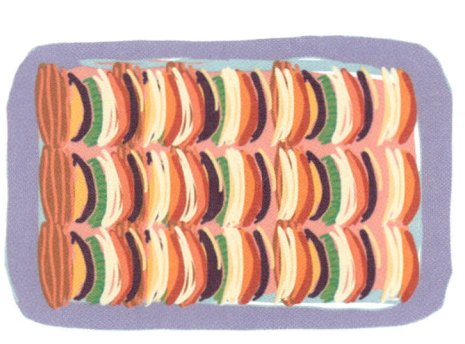

부야베스
프로방스 지방에서 유래한 생선 스튜로 영양가가 높은 요리예요. 생선이 최소 네 마리는 있어야 만들 수 있고 일반적으로 열댓 마리 정도가 들어가며 홍합 같은 다른 해산물을 추가하기도 해요. 빨강 피망, 사프란, 고추로 만든 **루예 소스**와 함께 먹어요.

수프와 스튜
포토푀는 프랑스 가정에서 자주 만들어 먹는 수프로 고기와 야채를 삶아 식사를 시작할 때 식탁에 올려요. 수프 다음으로는 **비네그레트** 소스를 곁들인 고기가 따라 나오죠. **코코뱅**은 레드와인에 담근 닭고기와 야채로 만든 스튜를 말해요. **뵈프 부르귀뇽**은 레드와인이 들어가는 또 다른 스튜인데 여기에는 소고기, 당근, 양파를 사용해요.

슈쿠르트
알자스 지방에서 유래한 양배추 절임으로 지금은 어디에서나 즐겨 먹어요. 아주 얇게 썬 양배추에 식초를 쳐서 발효시키죠. 돼지의 여러 부위로 만든 소시지와 함께 먹어요.

카술레
랑그도크 지방 요리로, 이것을 끓이던 커다란 솥에서 그 이름이 나왔어요. 말린 흰콩과 여러 종류의 고기를 냄비에 넣어 오랜 시간 끓이죠. 흰콩 대신 잠두콩을 넣어 브라질 또는 스페인 등 여러 나라에서도 만들어 먹어요.

빵과 디저트
길고 동그란 모양의 **바게트**는 이미 프랑스를 대표하는 빵으로 많은 사람들에게 알려져 있어요. 프랑스의 제빵 기술은 자랑스런 유산으로 이어지고 있지요. 프랑스 빵이 다른 나라에서 만들어질 때도 프랑스어 그대로 불릴 정도로 명성이 높아요. 다양한 케이크 중에 사과를 잔뜩 얹은 것은 **타르트**이고 커스터드 크림이 들어가고 위에 아이싱을 한 밀푀유는 **나폴레옹**이라 불러요. **성오노레**는 똑같이 밀푀유와 크림으로 만들지만 슈크림으로 둘러싼 디저트예요. 숟가락으로 떠먹는 디저트 중 유명한 것은 **캐러멜 커스터드**와 **크렘 브륄레**가 있어요. 프랑스의 유명한 디저트 중에는 한 번쯤 들어 본 것도 있을 거예요. 크림이 들어가 부드러운 **에클레어**, 조개 모양의 작은 플럼케이크인 **마들렌**, 아주 작고 색을 입힌 머랭 사이를 부드러운 크림으로 채운 **마카롱**이 있어요.

요건 몰랐지?
프랑스에서는 가격, 음식의 종류, 격식에 따라 식당을 부르는 명칭이 다양해요. 집에 가져가서 먹는 음식을 파는 곳은 트레터라고 부르고 고급스러운 식당은 레스토랑이라고 하죠. 지역 전통 요리를 파는 편안한 음식점은 비스트로라고 부르며, 맥주와 안주거리를 파는 곳은 브라스리라고 해요. 마지막으로 커피 외에도 술, 샐러드, 샌드위치를 파는 식당을 카페라고 불러요.

영국

영국의 기후는 곡물과 감자 농사, 그리고 축산업에 적합한 환경을 만들었어요.
영국 음식은 고기, 야채, 생선과 유제품을 바탕으로 하죠. 또한 영국은 오랜 세월
여러 나라와 교류를 맺어 왔는데 그중에는 식민 통치한 나라도 있었지요.
일상적으로 먹는 요리에서도 다양한 나라들과의 관계를 엿볼 수 있는데
중국, 인도, 타이뿐만 아니라 미국의 흔적도 있죠. 어떤 인도 음식은
이미 영국 문화의 일부가 되었고 국민 요리로 여겨질 정도예요.
그리고 여러 나라 문화가 혼합되어 탄생한 음식들도 있어요.
예를 들어 버밍엄에서 탄생한 **볼티**는 동양의 맛을 떠올리게 하는
음식으로, 야채와 구운 고기에 **카레**와 **난**을 곁들여 먹어요.

아침 식사

가장 중요한 식사로 여기며 매우 푸짐하게 차려 먹는
풀브렉퍼스트는 하루를 시작한는 의식이에요.
보통 토스터에 데운 식빵에 버터와 잼을 바르고, 시리얼,
얇은 팬케이크, 오렌지 주스와 다른 **과일 주스**를 준비하죠.
물에 끓인 오트밀에 버터와 따뜻한 우유를 넣고 소금, 설탕으로
간을 해서 계절 과일과 말린 과일, 산딸기도 함께 먹어요.
특별한 날에는 더욱 영양이 있는 풀브렉퍼스트를 먹어요.
토스트, 프라이팬에 바삭하게 볶은 **베이컨**이나 얇게
저민 햄을 달걀 프라이와 곁들여 먹죠. 달걀을 지져서
먹는 것은 **스크램블드에그**라고 해요. 그리고 생토마토
또는 그릴에 구운 토마토, 버섯, **키퍼스**(훈제 청어),
다진 감자를 노릇하게 지진 **해시브라운즈**, 토마토소스에
콩을 넣어 오븐에 구운 **베이크트 빈즈**, **블랙푸딩**(돼지 피가
들어간 검은색 소시지), 소시지와 으깬 감자를 먹어요.

간식

오후 5시에 먹는 홍차는 세상에서 제일 유명한 간식일지도
몰라요. 달고 짭조름한 간식과 함께 차를 마시면 가벼운
식사를 하는 기분도 들죠. **샌드위치**, **스콘**처럼 특별한 디저트,
버터와 딸기잼 그리고 꾸덕한 크림으로 가득 채운 파니니를
차와 함께 먹어요. 과자 종류로는 버터와 설탕이 듬뿍 들어간
스코틀랜드식 **쇼트브레드**와 통밀에 맥아 가루가 들어간
다이제스티브가 있어요. 다이제스티브는 치즈케이크을
만들 때도 빻아서 사용하죠. **치즈케이크**은 신선한 치즈,
달걀, 설탕을 넣고 산딸기나 살구처럼 새콤한
과일을 올려 만든 디저트예요.

점심과 저녁 식사

점심은 샌드위치 몇 개로 가볍게 먹어요. 저녁에는
수프나 애피타이저를 먹고 나서 고기나 생선 요리 하나와
디저트(달콤한 케이크 혹은 치즈)를 먹어요.

전통 음식은 보통 휴일에 즐기며 평소에는 피자와
파스타 같은 이탈리아 음식, 치킨, 햄버거, 그리고 빵에
통조림 콩과 치즈를 얹은 **빈즈 온 토스트**를 먹어요.

오늘은 어떤 요리?

선데이 로스트
일요일에 가족과 함께 먹는 요리로 고기, 감자, 채소, 소스를 오븐에 함께 구워요. 소고기 **로스트비프**가 있고, 양파 혹은 사과 소스와 함께 먹는 돼지고기 **로스트포크**, 민트 소스와 먹는 양고기 **로스트램** 그리고 커런트 소스와 먹는 닭고기, **로스트치킨**이 있어요.

요크셔 푸딩
달걀, 밀가루, 우유, 물을 섞은 반죽을 오븐에 구우면 다른 음식에 곁들여 먹기 좋은 푸딩을 만들 수 있죠. 푸딩 안에 소시지를 넣어 절인 양파 소스와 함께 먹으면 훌륭한 메인 요리가 되기도 해요.

웰시 래빗
끓는 맥주에 체더치즈를 녹인 웨일즈 요리. 구운 빵 위에 올려 **그라탱**처럼 먹으며 햄을 곁들이기도 해요. 이름과는 다르게 토끼 고기는 전혀 들어가지 않아요.

크럼블
과일(보통 사과, 블랙베리, 복숭아, 루바브, 자두를 사용해요) 위에 밀가루, 버터, 설탕 반죽을 굵게 부수어 덮은 후 오븐에 구우면 소보로빵처럼 딱딱한 껍질이 만들어져요.

치즈
영국은 매우 다양한 치즈를 생산하는데 그중 유명한 제품으로는 **체더**, **스틸튼**, **체셔**, **글로스터**, **랭커셔** 치즈가 있어요.

파이
짭조름한 케이크로 으깬 감자, 완두콩과 함께 먹어요. 유명한 파이로는 저민 살코기와 콩팥을 넣어 만든 파이, 돼지고기 파이, 다진 양고기를 양파와 함께 끓여 으깬 감자를 올린 **코티지 파이**(또는 셰퍼드 파이)가 있어요.

해기스
양의 위에 내장과 양파, 귀리 가루, 향신료를 넣은 순대 같은 음식. 몇 시간 동안 푹 끓여 무, 으깬 감자와 함께 식탁에 올려요.

컬른 스킨크
훈제 생선, 감자, 양파가 들어간 스코틀랜드식 수프예요.

자켓 포테이토
오븐이나 그릴에 구운 감자 안에 콩, 얇게 썬 치즈, 마요네즈를 넣은 음식이죠. 그리고 영양 만점 **랭커셔식 핫포트**는 뚝배기에 양고기, 양파, 감자를 담아 오븐에 구운 스튜 요리예요.

푸딩
부드러운 케이크 또는 부디노라고도 불러요. **퀸 오브 푸딩**은 빵 부스러기와 잼 위에 머랭을 올려 만든 거예요. **버터식빵 푸딩**은 굳은 빵과 버터, 달걀, 설탕과 향신료, 건포도를 넣고 오븐에 구운 후 커스터드 크림을 얹어 만들어요. **크리스마스 푸딩**은 말린 과일에 향신료를 더해 성탄절에 즐기는 돔 모양의 디저트죠.

식당에서
영국 어디서든 **피시앤칩스** 전문 식당을 만날 수 있어요. 튀긴 대구와 감자에, 소금과 맥아 식초를 뿌려 스튜처럼 만든 완두콩과 함께 즐기죠. 카페에서는 스크램블드에그, 베이컨, 퓌레를 곁들인 소시지, 샌드위치, 콩 스튜, 감자튀김처럼 전형적인 잉글리시 브렉퍼스트 음식을 맛볼 수 있어요. 티샵에서는 가벼운 식사와 음료수, 특히 홍차를 먹을 수 있죠. **크림티**를 주문하면 홍차에 **스콘**과 과일잼, 클로티드 크림이 따라 나와요. 펍은 보장된 맛집이라고도 할 수 있어요. 한때는 땅콩, 감자튀김, 절인 달걀, 닭 껍질 튀김 같은 짭조름한 안주에 맥주를 마시는 곳으로 남자들만 출입이 허용되었죠. 오늘날 많은 펍들은 그 지역의 전통 요리를 맛볼 수 있는 식당으로 여겨지지요.

요건 몰랐지?
햄이나 소시지, 치즈, 참치, 토마토, 달걀, 양파와 샐러드를 넣어 먹는 **샌드위치**는 18세기에 샌드위치 백작이 카드놀이나 골프를 할 때 식사 때문에 게임이 중단되지 않도록 만든 것으로 알려졌어요.

독일

한때 광활한 영토를 가졌던 독일의 깊은 역사와 문화는 다양한 요리에서도 엿볼 수 있어요. 유제품, 고기, 생선, 채소가 풍부하게 들어간 영양 만점 식단이죠. 지역마다 특색과 전통이 그대로 보존되어 세계적으로 유명해진 요리도 있어요.

아침 식사와 간식

아침 식사는 독일에서 매우 중요해요. 특히 일요일 아침에는 온 가족과 친구들이 모여 각자 가져온 음식을 브런치로 편하게 즐기곤 해요. 홍차, 커피, 핫초코, 우유와 주스 외에도 **크박**(신선하고 매우 부드러운 크림치즈), 요거트, **버터밀크**, 잼, 과일, 토마토, 오이를 먹어요. 빵과 치즈에는 늘 가공한 고기가 따라오는데, 얇게 썬 형태의 훈제 햄이나 소시지, 또는 **테부어스트**(훈제한 돼지고기를 크림 형태가 될 때까지 곱게 간 것)나 훈연한 **메트부어스트** 등이죠. 낮에는 틈틈이 커피 한잔과 케이크 한 조각과 같은 간식, **임비스**를 먹어요. 아침에 먹는 간식은 **브로트자이트**라고 해요.

점심과 저녁 식사

과거에 점심은 하루 중 가장 중요한 식사였어요. 하지만 이제 휴일이 아닌 날에는 점심 식사를 여유롭게 즐기지 못하고 있어요. 독일의 점심은 아주 정확한 요소를 갖추고 있어요. 가벼운 수프, 고기와 구운 채소로 이루어진 요리 하나, 그리고 디저트예요. 전통적인 저녁 식사 시간은 오후 6시쯤으로 좀 일찍 먹는 편이에요. 그리고 이때는 햄과 치즈처럼 아침에 먹었던 차가운 음식을 자주 먹어요. 요즘에는 회사나 학교에서 점심을 빠르게 해결하기 때문에 저녁에 좀 더 따뜻하고 영양가 많은 음식을 먹는답니다.

독일에서 빵은 매우 중요한 음식이며 200여 가지 종류가 있어요. 호밀만 이용해서 만든 **로겐브로트**, 베스트팔렌에서 나는 호밀로 만든 흑빵인 **품퍼니켈**(슈바르츠브로트라고도 해요)이 있죠. 다양한 곡물을 이용해서 빵을 만드는 것을 즐기는데 여러 곡물을 섞어 만든 **폴콘브로트**가 있어요. 그리고 해바라기씨와 호박씨를 사용하여 빵을 장식하곤 해요.

길거리 음식은 언제든 빠르고 간단하게 식사를 해결할 수 있도록 해 줘요. 베를린의 **쿠리부어스트**는 최근 많이 알려졌는데, 삶거나 그릴에 구운 소시지에 케첩과 카레를 뿌려 감자튀김과 함께 먹는 요리예요. **케밥**은 중동에서 온 음식이지만 독일에도 터키 사람들이 많이 살고 있기 때문에 피자처럼 흔한 음식이 되었어요.

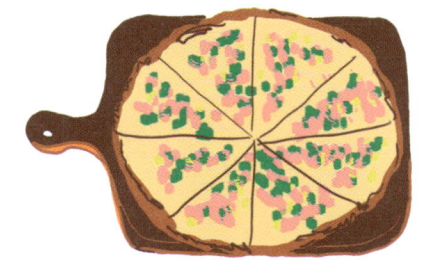

오늘은 어떤 요리?

파스타
슈페츨러는 버섯 혹은 크림으로 간을 하고 종종 시금치가 들어가는 뇨끼를 말해요. 커다란 고기만두인 **마울타셰**에는 시금치, 빵가루, 양파가 들어가요. 녹인 버터에 볶은 후 썰어서 감자 샐러드를 곁들이거나 만두를 국에 넣어 식탁에 올려요. 바이에른에서 온 **담프누델른**은 이스트가 들어간 미트볼로 수증기에 쪄서 고기나 생선을 먹기 전에 식초를 뿌린 버섯, 양배추, 오이와 함께 먹는 요리예요.

짭짤한 케이크
양파, 베이컨, 크림과 커민으로 만든 **츠비벨쿠흔**(양파 케이크) 위에 올라가는 재료만 보면 **플람쿠헨**과 매우 비슷해요. 플람쿠헨은 바덴뷔르템베르크 지역 전통 음식으로 얇은 피자를 말해요.

감자 요리
카르토펠살라트는 찐 감자에 양파와 향신료가 들어간 엄청 유명한 샐러드예요. **카르토펠퓨레**는 으깬 감자이며 감자 볶음 요리로는 **브라트카르토펠른**이 있어요. **카르토펠주페**는 감자 수프이며 감자와 달걀, 밀가루 반죽으로 만든 길쭉한 모양의 뇨끼 요리는 **슈프누델른**이라고 해요.

디저트
독일 디저트로는 사과 **슈트루델**과 과일 케이크가 많이 알려졌어요. 전통 디저트 **슈바르츠밸더 키르쉬토르테**는 초콜릿 케이크인데 속에 생크림과 체리가 들어가요. **크라펜**은 잼을 넣어 튀긴 도넛이고 **판쿠첸**은 크레페와 비슷해서 원하는 재료를 넣어 먹을 수 있어요.

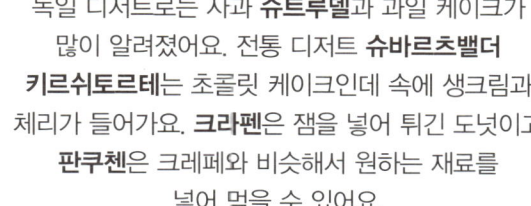

소시지
독일에서는 1500가지가 넘는 소시지를 생산해요. 보통 많이 먹는 **브라트부어스트**는 돼지고기와 향신료로 만든 소시지예요. 가장 유명한 소시지로는 돼지고기나 소고기를 훈제하여 만든 **비너**, 바이에른주에서 생산한 송아지로 만든 **바이스부어스트**, 길쭉한 모양의 **프랑크푸르터**, 간으로 만들어 아침에 빵에 발라 먹을 수 있는 **레버부어스트**가 있어요. 또 **레버케제**는 소고기·돼지고기 베이컨, 양파와 허브로 만든 소시지로 빵과 피클과 함께 먹거나 프라이팬에 살짝 구워 감자 샐러드에 넣어 먹어요. 문자 그대로 해석하면 '간으로 만든 치즈'를 뜻하지만 실제로 들어가는 재료에는 간도, 치즈도 찾아볼 수 없어요! 소시지를 먹을 때는 보통 매콤한 겨자나 홀스래디시를 갈아 곁들여요.

그 밖의 요리
사워브리튼은 재워 둔 고기를 물과 식초에 끓인 스튜로 사워크라우트 그리고 감자와 함께 식탁에 내요. **슈바인스학세**는 돼지고기 발목을 그릴에 구워 감자, 겨자와 함께 먹는 요리예요. **슈니첼**은 빵가루를 입혀 튀긴 고기로 밀라노에서 먹는 것과 비슷해요. **프리카델렌**은 다진 고기를 양파, 달걀을 넣어 만든 미트볼로 굽거나 튀겨 먹는 음식인데, 송아지 고기나 소고기, 돼지고기로 만들어요. 고기 대신 정어리 혹은 청어, 양파, 빵가루, 향신료를 넣고 만들면 **클롭스**라고 불러요. **브라트핸흔**은 오븐에 구운 닭고기 요리를 말해요.

즐겨 먹는 식재료
양배추는 많은 요리에 들어가는 재료예요. 예를 들어 **사워크라우트**(양배추를 잘게 썰어서 식초에 발효시킨 음식), **로트콜**(적양배추를 설탕과 식초에 절인 음식)이 있죠. 다른 채소로는 양파와 특히 하얀 아스파라거스를 많이 먹어요.

요건 몰랐지?
오스터하제라고 불리는 부활절 토끼는 초콜릿으로 만든 토끼예요. 아이들이 부활절에 이것으로 보물찾기를 하지요. 또 세계적으로 유명한 동물 친구들, **구미베렌**이 있어요. 과일 맛 곰돌이 젤리예요.

네덜란드

해안 기후의 상쾌한 여름, 온화한 겨울, 잦은 비, 안개 덕분에 충분한 목초지가 형성되어 있어요. 목초지는 가축들에게 좋은 여물이 되죠. 그래서 고기와 우유, 치즈와 버터를 많이 생산할 수 있는 환경이라 할 수 있어요. 길게 뻗은 해안 지역에서는 청어, 고등어, 뱀장어 같은 다양한 생선이 잡히며 말리거나 훈제하여 먹어요. 수많은 강줄기는 토양을 기름지게 하고 햇빛이 적어도 농사에 적합한 환경을 만들어 주지요. 밭에는 보리, 옥수수, 감자, 양배추, 뿌리채소, 사탕수수, 밀을 심어요.

아침 식사

시리얼에 우유 또는 요거트, 초콜릿 알갱이로 덮은 빵인 **하헐스라흐**를 먹어요. **마우셔스**는 설탕 구슬을 입힌 과자를 말하죠. 이 특별한 장식은 아니스 열매에 설탕을 여러 번 입히면 만들 수 있어요. 아이의 탄생을 축하할 때도 분홍색 또는 하늘색 마우셔스를 만들어요.

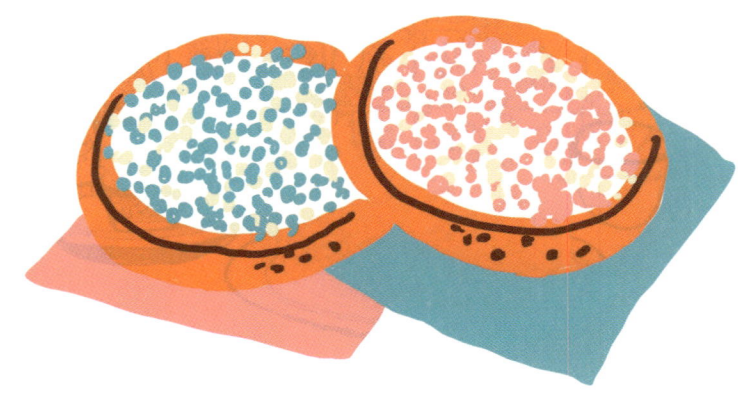

점심과 저녁 식사

점심은 비교적 빨리 해결하는 편이에요. 빵에 치즈나 햄, 베이컨 또는 땅콩 버터를 발라 먹어요. 저녁은 5시에서 7시 사이에 좀 일찍 먹어요. 수프로 시작해서 고기와 야채 요리를 먹는데 이때 감자가 빠지는 법이 없죠. 아니면 밥과 야채, 오믈렛, 그리고 고기 혹은 새우를 넣은 **나시 고렝**이라는 인도네시아 요리를 먹기도 해요. 디저트로는 **플라**(커스터드 크림으로 만든 과자), 요거트 또는 과일을 먹어요.

장보기

음식 재료는 대부분 슈퍼마켓에서 사요. 주말에는 도시에서 열리는 시장에서도 장을 봐요. 과일 가게, 제과점, 정육점, 생선 가게는 실내에서 열리는 시장에서도 찾아볼 수 있지요. 시골에 사는 사람들은 생산자에게 직접 재료를 사기도 해요.

오늘은 어떤 요리?

후트스폿
빈테르펜은 겨울에 수확한 당근이 주재료인 퓌레로 감자, 양파를 함께 으깨서 푹 삶은 소고기 미트볼과 함께 먹어요.

에르덴 수프
마른 콩과 훈제 소시지를 넣고 끓인 수프로 호밀빵 한 조각과 함께 식탁에 내요.

비터발렌
저녁 식사 전에 먹는 미트볼 튀김. 고기를 베샤멜소스에 넣고 파슬리, 양파와 함께 재워요.

안디비에스탬폿
대부분의 **스탬폿**과 마찬가지로 으깬 감자와 여러 가지 채소로 만든 요리예요.

크리칸델
다른 요리를 할 때 남은 고기나 소시지에 빵가루를 입혀 튀긴 음식. 감자튀김과 함께 먹어요.

디저트
네덜란드 사람들은 디저트를 무척 좋아해요. 가장 유명한 **스트룹와플**은 캐러멜이 들어간 두 겹짜리 와플이에요. **버쉬볼른**(초코를 뒤집어쓴 슈크림 빵)과 **톰부스**(페이스트리 사이에 크림을 넣고 분홍색 설탕 장식을 한 디저트)도 있어요.

치즈
가장 유명한 제품으로는 노란색의 **고다치즈**와 붉은 껍데기로 바로 알아볼 수 있는 **에담치즈**가 있어요.

길거리 음식
음식을 파는 노점을 종종 발견할 수 있는데 제일 유명한 길거리 음식 중 하나가 **청어**로, 익히지 않고 양파와 함께 먹어요. 축제가 있을 때에는 모든 노점에서 **포퍼처스**를 팔아요. 포퍼처스는 튀긴 도넛에 녹인 버터와 슈거 파우더를 얇게 입힌 디저트예요. 성탄절에는 **올리볼렌**을 먹어요. 건포도와 커런트가 들어간 공 모양 도넛으로, 튀긴 후에 슈거 파우더를 뿌려 줘요.

요건 몰랐지?
네덜란드 사람들은 늘 항해를 해 온 민족이에요. 세계 다른 나라와의 교류를 통해 쌀, 사프란, 너트메그, 생강, 계피와 설탕 같은 다양한 제품을 수입했어요. 한때 이런 음식들은 부자들만 먹을 수 있었지만, 오늘날에는 성탄절에 먹는 디저트에서 발견할 수 있는 재료들이죠. 서로 다른 문화의 만남을 보여 주는 예로 **라이스트타펠**이 있는데, 쌀밥을 기본으로 고기, 생선, 야채, 달걀을 인도네시아 전통 레시피대로 곁들여 먹는 거예요.

덴마크와 노르웨이

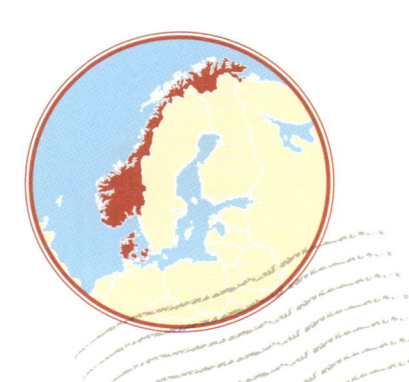

덴마크는 노르웨이와 중유럽 국가들을 잇는 다리 역할을 해요. 사람들이 많이 지나는 길목은 항상 그렇듯 덴마크 역시 다양한 민족의 풍습과 전통의 영향을 받았지요. 기름진 땅과 온화한 기후는 농사와 축산에 유리한 환경을 만들었고 바다에서는 다른 나라에 수출할 정도로 많은 양의 생선을 잡을 수 있었어요. 덴마크 사람들은 주로 고기를 먹는데 특별히 돼지고기를 좋아해요. 노르웨이 영토는 길게 뻗어 있는 모습인데 양쪽 끝 지역에서 먹는 음식의 차이는 거의 없어요. 고기(북부에서는 순록과 숫양 고기를, 남부에는 양고기를 주로 먹죠)와 함께 버섯부터 산딸기까지 숲에서 나는 모든 열매들을 먹죠. 그리고 생선으로는 멸치, 연어, 고등어, 청어를 먹어요.

아침 식사

덴마크에서는 **루브뢰**(호밀빵)에 버터와 치즈를 발라 먹거나 치즈, 시리얼을 우유에 넣어 먹어요. 과일과 요거트, **이머**(응고시킨 우유)에 호밀빵 부스러기와 황설탕을 섞은 **이머드라이**를 넣어 먹어요. 노르웨이에서는 이것 말고도 소금에 절인 생선과 튀긴 달걀 혹은 반숙 달걀, **룀메그뢰트**(사워크림, 따뜻한 우유, 밀가루를 끓이고 녹인 버터, 설탕, 계피로 덮은 요리)를 즐겨요. 여유로운 아침 식사를 할 수 있는 날에는 신선한 치즈나 소금 간을 한 고기로 속을 채운 다양한 **롤빵**과, 800년대 중반 이곳에 일하러 온 오스트리아 제빵사들의 영향으로 탄생한 전통 **데니쉬**를 먹어요.

점심과 저녁 식사

덴마크의 점심 식사는 일하는 사람이나 학교에 가는 사람이나 빠르게 먹을 수 있는 음식으로 준비해요. 보통 집에서 만든 **맷파케**(도시락)를 가져오거나 버터를 바른 호밀빵에 생선, 치즈, 훈제하거나 절인 고기나 햄, 마요네즈, 삶은 달걀, 피클, 채소, 허브 등 원하는 재료를 넣은 **스뫼레브뢰**를 먹죠. 저녁으로는 닭고기나 돼지고기에 삶은 감자나 다른 특별한 요리를 먹어요. 스웨덴과 핀란드의 풍습을 더 닮은 노르웨이에서는 따뜻하거나 차갑게 준비한 다양한 음식, 샐러드, 생선, 치즈 등을 뷔페처럼 덜어 먹는 **스뫼르고스보르드**를 흔히 볼 수 있어요.

오늘은 어떤 요리?

덴마크

그륀콜수비
초록색 양배추 수프.

프리카델러 또는 **카르보나데르**
빵가루를 묻혀 튀긴 미트볼

플래스크스타이
추운 계절에 먹는 돼지고기 구이로 사과,
푸룬, 적양배추 그리고 감자를 곁들여요.

메디스터폴스
향신료로 맛을 낸 소시지를 튀긴 것.
크기가 작은 소시지는 **뤄드폴스**라고 부르며
길거리에서도 간식으로 판매하는 음식이죠.

컷트 툐스크
삶은 대구를 머스터드소스, 홀스래디시,
삶은 감자와 함께 먹는 요리.

룰로을
돌돌 만 뱀장어를 양파, 소금, 후추를 넣고
끓여 감자와 함께 차갑게 먹는 음식.

스텍트 실
훈제 청어에 빵가루를 입혀 튀긴 요리로
양파 소스와 함께 먹어요.
가장 맛있는 덴마크 생선 요리.

디저트
수많은 디저트 레시피가 있어요. 산딸기와
크림으로 만들어 숟가락으로 떠먹는 **롤그롤**,
쌀과 우유로 만든 푸딩인 **줄리 리순그로**
(성탄절에 먹는 디저트 중 하나)가 있어요.
또 **에블스키버**는 라즈베리나 블랙베리
잼이 들어간 동그란 모양의 과자로 한국의
호두과자와 닮았어요. 전용 틀에 구워서
만들며 위에는 설탕을 뿌려 줘요.

노르웨이

로매
단맛과 짠맛이 나는 요리에
어울리는 사워크림.

스뫼레브뢰
버터를 바른 호밀빵으로 만든 샌드위치.

그라블랙스
생선을 딜, 소금, 설탕에 절여 먹는 요리.
특히 연어를 많이 사용해요.

락피스크
소금, 설탕에 절인 송어로
3개월 동안 삭혀서 먹는 요리.

토르스크
소금에 절인 대구를 삶거나 튀긴 요리로
말려서 먹으면 **루테피스크**라고 부르며
데친 야채와 함께 즐겨요.

프리카델레
북유럽 전 지역에서 사랑받는 미트볼.
밀가루 · 버터 · 향신료로 만든 짙은 갈색 소스,
감자나 양배추 스튜와 함께 먹어요.

포리콜
노르웨이의 국민 음식 중 하나로 양고기를 푹
끓인 요리예요. 소금 간을 하여 말린 허벅지살,
페날라르를 재료로 써요. 같은 방법으로
숫양 갈빗살을 말려 소금을 뿌리고
냄비에 찌면 **피네숏**이 돼요.

요건 몰랐지?

덴마크와 노르웨이 사람들은 치즈를 굉장히 좋아해요. 덴마크의 유일한
전통 치즈는 **핀스크 뤼게오스트**라는 훈제 치즈로, 발효된 우유로 만들어
요. 반면 다른 치즈들은 다른 나라의 영향을 받아 탄생했죠. 노르웨이에서
유명한 **감메로스트**는 매운맛이 나고 특이한 물결 무늬가 있는 치즈예요.
빵에 발라 먹을 수 있는 **팔토스트**는 커민 씨로 맛을 낸 치즈예요.

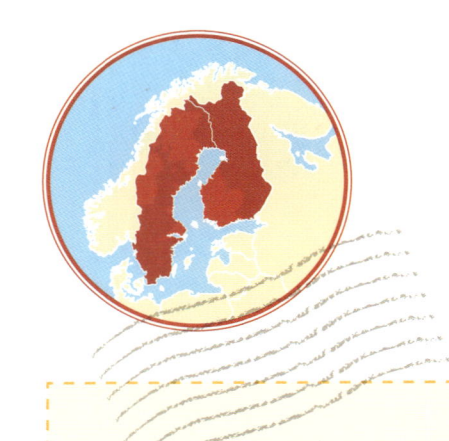

스웨덴과 핀란드

사용하는 언어는 매우 다르지만 이 두 나라의 음식 문화와 재료는 매우 비슷해요. 차가운 기후 때문에 농사를 짓는 데는 한계가 있고 그래서 가장 많이 나는 채소를 오래 먹을 수 있도록 보관하죠. 기술의 발전과 빨라진 유통은 이러한 문제를 많이 해결했기 때문에 오늘날에는 신선한 음식을 선호해요. 또 스웨덴과 핀란드 요리에서는 사미인의 라플란드 문화를 많이 볼 수 있어요. 사미인은 북쪽 지방에 순록들과 함께 거주하는 유목민족이에요.

아침 식사와 간식

스웨덴에서는 아침을 샌드위치로 시작해요. **필미엘크**(바삭한 빵 부스러기와 잼에 섞어 먹는 발효유), 우유, 시리얼, 과일 주스, **헤페처프**(땋은 머리 모양의 발효 빵) 또는 **카니알불레**(설탕이 들어간 부드러운 시나몬롤)를 먹어요.

핀란드에서는 아침으로 과일, 요거트, **빌리**(발효유), 호밀빵과 **뿌로**(시리얼, 우유, 설탕, 시나몬으로 만든 죽)를 먹어요. **탈쿠나**(보리, 호밀, 귀리, 밀을 볶아 가루로 만든 것)를 우유 혹은 요거트에 넣고 여러 가지 산딸기와 섞어 먹죠. **발리팔라**는 산딸기로 만든 수프나 커스터드 푸딩 등으로 구성된 간식을 의미해요.

점심과 저녁 식사

후스만코스트는 집에 있는 생선, 시리얼, 우유, 감자, 뿌리채소, 양배추, 양파, 사과, 주스나 케이크를 만드는 데 사용한 과일 등 간안하고 일상적인 재료로 해 먹는 음식이에요. 스웨덴 사람들은 친구들과 편안한 분위기 속에서 식사하는 것을 좋아하기 때문에 **스뫼르고스보르드**라고 하는 뷔페를 즐겨요. 다양한 방법으로 조리한 훈제 청어로 시작해서 절인 뱀장어와 연어 요리, 달걀, 피클 같은 차가운 요리를 먹어요. 이어서 따뜻한 요리를 먹고 마지막으로 디저트를 먹죠. 점심과 저녁 식사 구성은 비슷해요. 수프, 고기 혹은 생선과 익히지 않은 채소를 기본으로 하며 차가운 우유나 맥주를 마시죠. 핀란드에서는 가벼운 간식, **일타팔라**를 먹으면서 하루를 마무리해요.

즐겨 먹는 식재료

비타민 C가 풍부한 양배추는 잘게 썰어서 식초에 절여 보관해요. 반면 완두콩은 갈아서 가루로 만들죠. 양파, 잠두콩, 무, 감자도 많이 사용되는 식재료예요. 다양한 산딸기도 디저트를 장식하거나 소스를 만들 때 새콤한 맛을 더하는 매우 유용한 재료죠. 스웨덴어로 **수르스트뢰밍**, 핀란드어로 **실리**라고 부르는 훈제 청어는 깊은 전통을 자랑하는 음식이에요.

오늘은 어떤 요리?

스웨덴

스뫼르고스토르타
달걀, 피클, 새우, 치즈, 연어를 겹겹이 쌓아 만든 거대한 샌드위치 케이크. 적당한 크기로 잘라 먹어요.

샷불라
스웨덴의 국민 음식으로 삶은 감자, 살짝 튀긴 양파, 달걀, 우유에 적신 빵가루, 향신료와 허브를 넣어 만든 미트볼을 튀겨서 크림소스와 라즈베리 소스를 곁들여 먹어요.

팔루콜벤
고기(소고기, 말고기 혹은 돼지고기), 향신료, 감자 전분, 양파를 갈아서 만든 스웨덴식 소시지.

콜도마르
중동에서 유래한 양배추말이. 고기와 쌀로 속을 채워 프라이팬이나 오븐에 구워요. 감자와 라즈베리 소스를 곁들여 식탁에 올려요.

라그뭉크
감자를 갈아서 밀가루와 우유, 경우에 따라 달걀을 넣어 섞어서 팬케이크처럼 구워요. 야채와 라즈베리와 함께 먹어요.

핀란드

카랄란피라카
호밀 가루 반죽에 으깬 감자와 우유에 익힌 쌀을 채우고 달걀 노른자와 버터를 섞어 덮어 준 배 모양의 파이.

렝키마카라
그릴에 구워 먹는 둥근 소시지.

사부킨쿠
소금 간을 한 고기로 예전에는 사우나 안에서 바로 훈제하곤 했어요. 차갑게 식혀 야채, 버섯, 스크램블드에그와 함께 먹어요.

마티
사워크림, 후추, 양파와 곁들여 먹는 생선(연어, 송어, 극지송어, 담수어 등) 알이에요.

칼라쿠코
효모를 넣지 않은 빵에 소금 간을 한 돼지고기와 생선을 채워 버터와 함께 차갑게 먹거나 따뜻하게도 즐길 수 있는 요리.

로이물로히
생선을 불 앞에서 세로로 세워 구운 요리. 기름이 위에서 아래로 흘러 육질이 부드러워요.

순록 고기는 스웨덴 북부와 핀란드에서 주로 먹어요. 물에 끓이거나 소금에 절여 말린 다음 훈제하여 으깬 감자나 라즈베리잼을 곁들여 먹어요. **포론샤리스티스**라는 핀란드의 순록 고기 스튜에도 같은 재료를 곁들여 먹어요. 초록색 또는 노랑색 완두콩 수프도 즐겨 먹는 음식이에요. 돼지고기, 양파, 각종 향신료를 넣어 만든 콩 수프는 스웨덴어로 **알트수파**라고 하며 목요일에 즐겨 먹는 전통 요리예요.

요건 몰랐지?

핀란드 사람들은 스웨덴 사람들에 비해 단맛이 덜한 음식을 좋아해요. 핀란드에서는 자작나무에서 **자일리톨**이라는 천연 감미료를 추출해 먹지요. 이들이 즐겨 먹는 **살미아크**라는 사탕 또한 짭조름한 감초로 만들어요.

폴란드, 슬로바키아, 체코

세 나라는 차가운 기후와 겨울에 먹을 식재료를 여름부터 준비한다는 공통점을 갖고 있어요. 채소, 과일, 훈제하거나 순대처럼 만든 고기, 치즈, 집에서 반죽해서 건조시킨 파스타 등이죠. **피로히**는 커다란 만두로 감자와 고기, 치즈, 식초에 절인 양배추가 들어가는데 세 나라에서 공통적으로 흔히 먹는 음식이에요.
만두는 한 번 삶은 후 버터를 녹인 팬에 양파나 베이컨, 사워크림을 넣고 구워요. 감자를 갈아서 달걀과 밀가루를 섞어 만든 감자전은 서양 다른 여러 나라에서도 많이 볼 수 있는 요리지요. 폴란드에서는 **플라츠키 지엠니야차네**, 슬로바키아에서는 **제미아코베 플라츠키**, 체코에서는 **브람보라크**라고 불러요.

폴란드

폴란드에는 매우 다양한 음식이 있어요. 프랑스, 이탈리아, 러시아, 이스라엘의 영향을 받았지요.

아침 식사와 간식
아침 식탁에서는 오픈샌드위치인 **자피에칸카**를 만나볼 수 있어요. 자피에칸카는 낮에 간식으로 먹기도 하고 노점상에서도 팔아요. 차 한잔에 어울리는 달콤한 간식으로는 발효 반죽으로 만든 도넛에 잼을 넣은 **퐁츠키**, 사과와 크림이 들어간 케이크 **샤를로트카**, 또는 오븐에 구운 리코타 치즈 케이크에 휘핑크림을 올린 **세르닉**이 있어요.

점심과 저녁 식사
수프가 빠지는 법이 없죠. **로수우**는 고기와 파스타를 넣고 만든 수프예요. **바르슈츠**(보르시라고도 해요)는 사탕무를 기본으로 다른 채소들을 추가하여 만든 수프로 고기와 버섯이 들어간 작은 만두, **우슈카**와 함께 먹을 때가 많아요. **주렉**은 호밀 가루, 콩, 감자와 다른 채소로 만든 전통 수프이며 돼지고기를 조금 넣어서 먹곤 해요. **키에우바사** 같은 소시지나 크라코비아 지방의 전통 소시지이자 **비고스**의 재료이기도 한 **토룬스카**를 식탁에서 자주 볼 수 있어요. 비고스는 절인 양배추, 양배추, 돼지고기와 소고기, 소시지와 베이컨, 버섯, 토마토, 말린 자두와 향신료를 넣고 끓인 스튜예요.

즐겨 먹는 식재료
꿀, 순무, 버섯, 사과, 자두, 산딸기를 즐겨 먹어요.
음료로는 꿀을 발효시켜 만든 **봉밀주**가 있어요.
폴란드는 많은 양의 꿀을 생산하지요.

82

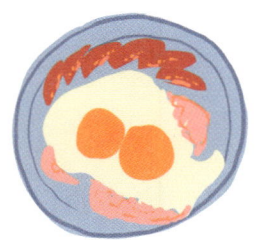 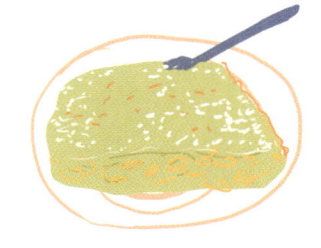 

슬로바키아

아침 식사와 간식

아침에 먹는 음식은 각자의 입맛이나 취향에 따라 달라요. **오블로제네 클레비스키**는 폴란드식 오픈샌드위치로 햄, 치즈, 피클, 삶은 달걀을 올려 먹어요. 빵에는 보통 버터를 바르고 무순을 올려 장식하기도 해요. 달걀을 좋아한다면 튀긴 달걀과 햄으로 만든 **햄엔덱스**만 한 게 없죠. 버섯이 들어간 스크램블드에그 요리는 **허비스바이톰**이라 불러요.

점심과 저녁 식사

점심에는 수프와 채소를 곁들인 메인 요리 하나를 먹어요. **굴라시**(고기를 기본 재료로 라드, 살짝 튀긴 양파, 감자, 파프리카를 넣고 만든 수프), 감자 샐러드를 곁들인 커틀릿을 일반적으로 많이 먹어요. **크라리그나 샴피뇨노**(버섯을 곁들인 토끼 고기), **쿠라치 파프리카쉬**(파프리카를 곁들인 닭고기)도 있죠. 또 다른 국민 요리인 **브린조베 할루쉬키**는 감자 뇨키를 양젖 치즈, 베이컨과 함께 익힌 음식이에요. **푸츠카**도 유명한데 우유, 양파, 튀긴 베이컨을 넣고 만든 감자 샐러드라고 보면 돼요. **베쵸스키 레젠**은 훈제 치즈와 베이컨에 빵가루를 입힌 후 튀긴 음식이에요.

즐겨 먹는 식재료

감자, 토마토, 파프리카, 양파 외에도 **브린자**(양젖 치즈), **오슈튀에포크**(훈제한 양젖 치즈)가 있으며 달걀과 달콤한 크림, 파프리카를 섞어 먹는 **데미카트**도 늘 준비해요.

체코

아침 식사와 간식

아침으로는 **리조비나키**라고 하는 쌀 푸딩을 많이 먹어요. **크루비쵸바카셰**는 꿀 또는 계피, 사과나 살구를 섞어 맛을 낸 기울 죽이에요. 영양소가 풍부한 두 음식은 과일을 올리거나 포피시드(양귀비 씨)가 들어간 빵, **콜라체**와 함께 즐겨요.

점심과 저녁 식사

식사는 보통 세 가지 음식으로 구성돼요. 수프, 메인 요리 그리고 디저트죠. 감자는 체코식 찐빵 **크네드리키**를 만들 때 필요한 주재료예요. 푸룬, 살구를 채워 만들기도 하며 고기 요리에 곁들이는 빵이에요. 돼지고기는 여러 방식으로 요리해서 먹어요. 구이나 스튜, 소시지로 만들죠. 국민 요리인 **뱁프로-크네들로-젤로**는 돼지고기 구이로 뇨키와 절인 양배추를 곁들여 먹어요. 훈제한 소시지의 일종인 **프라하햄**은 삶은 감자, 맥주와 함께 즐기며 세계적으로 유명한 음식이에요.

즐겨 먹는 식재료

마요네즈, 달걀, 햄, 양파 그리고 다른 여러 채소를 즐겨 먹어요. 사과, 베이컨, 수만 가지 요리에 넣어 먹을 수 있는 버섯도 있죠. **카를로바르스케 오플라트키**는 아주 얇은 와플 과자에 헤이즐넛, 카카오, 아몬드 또는 바닐라로 맛을 낸 특별한 디저트예요.

오늘은 어떤 요리?

양배추 수프
가장 많이 먹는 수프로, 슬로바키아어로 **카푸스트니카**라고 해요. 식초에 절인 양배추, 소시지, 말린 버섯, 훈제한 고기에 사워크림을 넣어 만들어요. 폴란드에서는 이 수프를 **카푸스니아크**라고 부르며 체코에서는 **젤나 폴레스카**라고 하죠.

파레나 크네들라
슬로바키아와 체코에서 고기에 자주 곁들여 먹는 음식이에요. 수증기에 익힌 아주 큰 찐빵으로, 썰어서 식탁에 올려요. 속이 부드러워서 **굴라시** 같은 음식을 적셔 먹기에 아주 좋아요.

부흐티 또는 **부흐타**
달콤한 맛이 나는 반죽을 통째로 굽지만 쉽게 나누어 먹을 수 있도록 미리 덩어리 경계선을 표시해 둬요. 크림이나 새콤한 잼을 속에 넣어 먹어요.

체코 치즈 튀김
치즈 조각에 빵가루를 입혀 튀긴 음식이에요. 간식으로 먹기에도 맛있고 생야채와 함께 먹으면 그 자체로 훌륭한 요리죠. 길거리에서도 사 먹을 수 있을 정도로 일상적인 음식이에요.

페르니크 생강빵
밀가루, 향신료, 달걀을 반죽하여 만든 생강빵. 벽돌 모양으로 구워 성탄절에 만드는 집 모형을 장식하는 데 써요.

바노츠카
건포도를 넣은 꽈배기 모양 빵. 슬로바키아와 체코에서는 전통적으로 성탄절에 먹어요.

루마니아와 헝가리

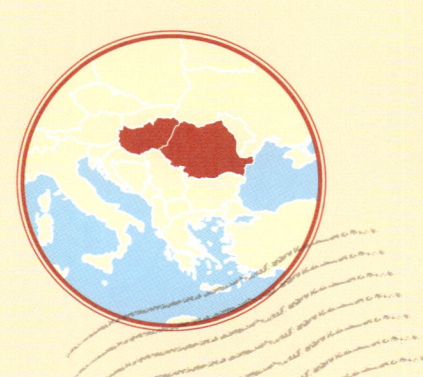

트란실바니아의 늑대인간과 드라큘라 백작으로 유명한 루마니아에서는 고기와 채소가 들어간 영양 만점 요리를 즐겨 먹어요. 오스만제국과 오스트리아-헝가리제국 지배의 흔적을 음식에서도 엿볼 수 있어요. 한편 헝가리 음식은 유럽에서 매우 중요한 요리로 손꼽히며 서쪽의 오스트리아와 독일, 남서쪽의 터키 등 동부 슬라브 국가의 영향을 느낄 수 있어요.

아침 식사

루마니아 요리에는 달걀이 빠지는 법이 없어요. 삶은 달걀, 튀긴 달걀 혹은 오믈렛에 양파와 베이컨, 소시지나 살짝 훈제한 고기를 곁들인 요리를 **순쿠리타 타라네스카**라고 불러요. 페타 치즈와 비슷한 **텔레미아**라는 양젖 치즈가 있는데 소금물에 넣어 두고 겨울 내내 먹어요. **자쿠스카**는 가지, 양파, 고추와 토마토로 만든 크림으로 부드러운 빵 **프란젤라**에 발라 먹는 음식이에요.

헝가리에서 먹는 전통적인 아침 식사는 **께네르**(빵) 혹은 **쳄레**(샌드위치), 버터, **뚜로쉬**(신선한 치즈)와 뚜로쉬에 파프리카, 양파, 파슬리, 소시지, 토마토, 피망, 달걀을 넣어 만든 크림 요리 **쾨뢰죄트**가 있어요. 휴가 기간에는 보다 간단하게 우유나 커피, 홍차와 **키플리**라는 잼이나 꿀이 들어간 초승달 모양의 빵을 먹어요. 아니면 과일이나 야채로 속을 채운 파이, **리테쉬** 한 조각을 먹기도 해요. 아이들은 종종 카카오 가루를 뿌린 호밀이나 쌀 푸딩을 즐겨요.

점심과 저녁 식사

루마니아 식탁에서는 수프가 주인공이라 할 수 있어요. 수프를 먹지 않고 식사를 시작하는 법이 없으니까요. **치오르바**는 채소, 달걀, 크림 또는 요거트가 들어간 시큼한 맛(레몬이나 사워크림, 양배추즙, 발효된 밀기울이 들어가기 때문)이 나는 수프예요. 만드는 방법은 수십 가지인데 주재료가 무엇인지에 따라 수프 이름이 붙어요. **치오르바 데 포트라체**(감자 수프), **치오르바 데 페리수아레**(미트볼 수프), **치오르바 데 부르타**(고기 내장 수프), **치오르바 데 페스테**(생선 수프)가 있죠.

헝가리의 점심은 하루 중 가장 중요한 식사예요. 수많은 **레베쉬**(수프) 중 하나로 식사를 시작해서 샐러드를 곁들인 고기 요리와 디저트를 먹죠. 저녁 식사는 중요한 약속이나 행사가 없다면 대충 해결해요. 점심때 먹다 남은 음식이나 좀 가벼운 요리를 먹는 편이죠.

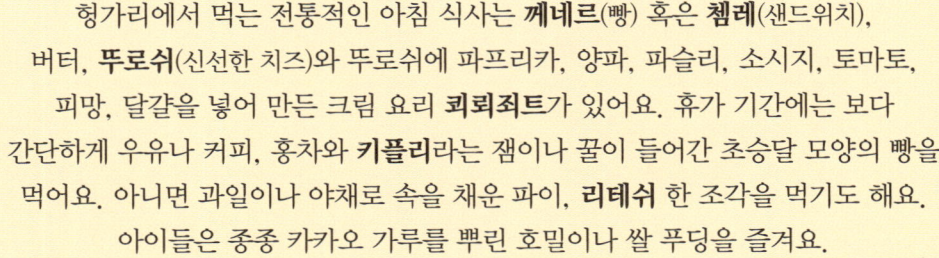

오늘은 어떤 요리?

루마니아

클라티타
달콤하거나 짭짤한 재료로 속을 채운 달걀 크레이프.

파스트라마
굉장히 대중적인 애피타이저로 소금에 절인 소고기를 훈제하여 찐 후에 얇게 썰어 식초에 절인 양배추, 소스와 함께 내거나 빵에 넣어 샌드위치처럼 먹는 음식.

코브리그
굵은 소금, 참깨 또는 포피시드(양귀비 씨)를 뿌린 프레첼. 노점에서 사 먹을 수 있어요.

머멀리거
토치투라(고기 스튜)처럼 영양가 높은 요리에 곁들여 먹는 옥수수죽.

사르말레
루마니아의 전통 요리지만 다른 동유럽 또는 지중해 국가에서도 즐겨 먹어요. 소금물에 절인 양배추 또는 포도잎에 다진 고기, 쌀, 양파를 싸 먹는 음식이죠.

키프텔레
으깬 감자, 다진 돼지고기, 향신료로 만든 미트볼로 팬에 튀겨 먹어요.

헝가리

굴라시
유럽 다른 나라에서도 즐겨 먹는 굴라시는 가장 유명한 헝가리 음식이죠. 고기, 감자, 당근, 양파, 파프리카가 들어간 스튜예요. 수프처럼 좀 더 가볍게 변형시킨 음식은 **구야쉬레베**라고 불러요.

팔라친타
원하는 재료를 채워 돌돌 만 크레페로. 사워 크림을 곁들여 식탁에 올려요. 다진 송아지 고기가 들어간 것을 **호르토바기 팔라친타**라고 해요. 헤이즐넛 가루와 초콜릿이 들어간 것은 **군델 팔라친타**라고 하죠.

푀젤릭
약불에 오랜 시간 익힌 채소 수프로 사워크림을 넣어 걸쭉하게 만든 다음 **퍼시르트**(미트볼)나 소시지와 함께 먹어요.

치르케퍼프리커시
파프리카 소스를 뿌려 먹는 닭고기 튀김으로 **노케들**이라는 달걀 뇨끼 혹은 **타로냐**라는 헝가리식 달걀 파스타를 곁들여 먹어요.

헐라슬레
크리스마스이브에 먹는 전통 수프. 지방이 많은 민물 생선(잉어·꽁치·메기), 파프리카 그리고 양파를 넣어 만들어요.

푀르쾰트
뼈를 발라낸 고기에 파프리카, 양파, 커민 씨를 넣고 끓인 스튜. **굴라시**와 비슷하지만 더 걸쭉해요.

요건 몰랐지?

헝가리식 **살라미**(건조 소시지)는 굉장히 유명해요. 아침 식사로, 식사 사이에 간식 혹은 애피타이저로도 많이 먹어요. 잘게 갈아 살짝 훈제한 살라미 외에도 수많은 종류의 소시지가 있고 지역과 만드는 방법에 따라 구분할 수 있지요. 빨간 고춧가루는 많은 음식에 두루 사용하는 향신료예요. **에루슈 피스타**라는 매운 소시지에도 고춧가루가 들어가지요.

이탈리아

이탈리아 음식은 세계에서 가장 영양가 많고 다채로운 요리 중 하나로 손꼽혀요. 농사를 짓고 가축을 기르는 데 적합한 기후와 좋은 식재료는 사람들의 상상력을 통해 뛰어난 요리로 만들어졌죠. 간단한 식재료에서 시작된 요리가 많고 레시피 또한 매우 다양해요. 이탈리아 사람들은 음식과 식재료에 대해서는 매우 세심하고 까다로우며, 이들의 일상생활에서 음식은 매우 중요한 요소라고 할 수 있어요.

아침 식사와 간식

아침 식사는 보통 빨리 먹는 편이며 개인 취향에 따라 빵, **즈와이백**(비스킷처럼 구운 빵), 버터, 꿀, 잼, 비스킷, **타르트**와 **포카치아**, 요거트, 과일, 주스를 먹어요. 우유에 타 먹는 시리얼이 식탁에 등장한 것은 오래되지 않았어요. 흰 우유를 그대로 마시기도 하지만 코코아를 타거나 **커피**에 넣어서 먹죠. 커피는 하루 중에 가장 많이 마시는 음료예요. 카페에서 아침을 먹을 경우 **카푸치노**와 **브리오슈**를 먹는데 브리오슈는 지역마다 모양이 조금씩 달라요. 크림 혹은 잼이 들어간 **크루아상**도 어디서든 먹을 수 있어요. **베니치아네**는 설탕이 뿌려진 부드러운 크루아상이고 건포도가 들어간 롤은 **지렐레**라고 불러요.

간식으로는 과일 한 개, 케이크 한 조각, 헤이즐넛 크림이나 초코 크림을 바른 빵 한 조각 또는 샌드위치를 즐겨요. 여름에는 **젤라토**(아이스크림)를 자주 먹지요.

점심과 저녁 식사

하루 중 가장 중요한 식사인 점심은 세 가지 음식으로 이루어져 있어요. 기념일에는 전통에 따라 음식을 준비하지만 평소에는 한 가지 요리로 간단하게 먹는 편이죠. 다양한 소스 중 하나로 버무린 **파스타**, 달걀이나 참치가 들어간 **샐러드**, 채소를 곁들인 고기나 생선 요리처럼요. 많은 사람들은 채소, 소시지 등이 들어간 샌드위치를 점심 메뉴로 선택해요. 중요한 날에는 애피타이저, **파스타** 혹은 **리소토** 등의 **프리모 피아토**(첫 번째 메인 요리), 생선 혹은 고기가 들어간 **세콘도 피아토**(두 번째 메인 요리), 사이드 메뉴와 디저트 순으로 준비해요.

저녁에는 파스타가 주인공이지만 수프나 피자 같은 음식도 준비해요. 그 다음에는 소시지와 치즈 혹은 달걀과 야채가 들어간 **프리타타**(오믈렛) 같은 차가운 요리를 이어서 먹어요. **올리브유**와 더불어 이탈리아 사람들의 식탁에는 항상 빵이 올라오는데 **그리시니**(가늘고 긴 막대기 모양의 빵)나 포카치아 종류로 대체되기도 해요. 지역에 따라 빵의 모양, 사용하는 밀가루와 반죽이 달라지죠. 식사는 보통 가벼운 디저트로 마무리해요. 과일 한 종류, 푸딩, 치즈 한 조각 또는 젤라토를 먹죠.

이탈리아 북부와 남부에서 먹는 디저트는 매우 다른 모습이에요. 가장 알려진 디저트로는 **사보야르디**(딱딱한 과자)와 마스카르포네 치즈, 달걀과 카카오 가루로 만드는 **티라미수**, **판나 코타**(바닐라 맛이 나는 이탈리아식 푸딩), **카스타냐쵸**(밤케이크)를 꼽을 수 있어요. **파네토네**(크리스마스에 먹는 반구 모양 케이크), **판도로**(베로나에서 유래한 별 모양의 달콤한 빵), **토로네**(견과류가 들어간 엿)는 전통적으로 성탄절에 많이 먹지만 다른 때에도 맛볼 수 있어요.

지역별 전통 음식

롬바르디아
리소토, 코톨레타 알라 밀라네제, 호박 토르텔리(이탈리아 만두형 파스타), 피초케리(메밀가루와 밀가루를 3:1 비율로 섞어서 만든 파스타)

트렌티노
모르탄델라 햄이 들어간 보리 수프

알토 아디제
스트루들 빵으로 만든 크뇌델(고기 완자)

발레다오스타
빵, 수프, 폰티나 치즈를 곁들인 코톨레타(소고기 커틀릿)

프리울리 베네치아 줄리아
콩으로 만든 수프인 요타, 감자와 치즈가 들어간 파이

피에몬테
참치 소스와 함께 먹는 송아지 요리, 피에몬테식 모둠 튀김

베네토
폴렌타(옥수수죽)를 곁들인 말린 대구, 양파를 곁들인 간 요리, 안초비 파스타

에밀리아 로마냐
토르텔리니 인 브로도(고기로 채운 토르텔리를 육수에 끓여 먹는 이탈리아식 물만두), 볼로냐식 라자냐, 프로슈토 햄과 크레센차 치즈를 넣은 피아디나(납짝한 빵)

리구리아
부활절 파이, 페스토 소스(바질, 올리브유 등을 갈은 소스)로 비빈 생 파스타, 포카치아

마르케
올리브, 고기, 치즈로 속을 채워 튀겨 먹는 아스콜라나 올리브

토스카나
닭고기 카나페, 콩, 채소, 빵이 들어간 리볼리타 수프, 피렌체식 티본스테이크, 카츄코(생선 수프)

아브루쵸
키타라 틀르 만든 생면을 이용한 스파게티 알라 키타라, 양고기 꼬치

몰리세
라구 소스를 곁들이는 조가비 모양의 파스타, 생선 수프

움브리아
돼지고기 구이, 소시지와 함께 먹는 렌틸콩 요리, 치즈로 만든 부활절 케이크

풀리아
홍합과 쌀이 들어간 냄비 요리, 무청으로 맛을 낸 오레키에테(작은 귀 모양의 파스타)

라치오
아마트리치아나 파스타, 카르보나라 스파게티

바실리카타
빵에 물을 적셔 야채·소금·올리브유를 올려 먹는 아쿠아살레, 손으로 빚은 파스타 알페레토, 새끼 양고기와 향신료로 속을 채운 순대

캄파니아
피자, 해산물 스파게티, 모차렐라 인 카로짜(토스트에 모차렐라 치즈를 넣은 요리), 파스티에라(리코타 치즈로 만드는 타르트)

칼라브리아
맘몰라식 미트볼, 은두야 소스와 함께 먹는 황새치 요리

사르데냐
프레골라(견과류 향이 나는 파스타)에 사프란, 병아리콩이 들어간 요리, 소금에 절인 참치알, 랍스터 구이, 세바다스(치즈를 넣은 반죽을 튀겨 꿀을 발라 먹는 과자)

시칠리아
아란치니(주먹밥에 빵가루를 묻혀서 튀긴 요리), 카포나타(튀긴 가지에 셀러리, 토마토, 올리브와 소스를 곁들인 요리), 카놀리(페이스트리 속을 크림이나 초콜릿으로 채운 디저트)

즐겨 먹는 식재료

빵, 건조 파스타나 생 파스타, 만두처럼 소를 채운 파스타는 늘 먹는 주식이에요. 주요 식재료로 폴렌타를 만들 때 쓰이는 옥수숫가루, 쌀, 콩이 있어요. **살루미**(또는 살루메)는 가공한 햄을 말하는데, 프로슈토 크루도, 살라메, 쿨라텔로, 브레사올라 등 굉장히 다양해요. **치즈**도 파르미지아노, 레지아노, 페코리노, 고르곤졸라 등 종류가 다양하죠. 고기 중에는 소고기를 주로 먹는 편이에요. 남부 지방에서는 양고기를, 북부 지방에서는 닭고기나 토끼 고기도 먹어요. 삼면이 바다로 둘러싸인 나라인 만큼 생선도 자주 맛볼 수 있어요.

세르비아, 크로아티아, 보스니아헤르체고비나

넓은 평야와 온화한 기후는 농사를 짓는 데 알맞아요. 서로 다른 문화와 종교를 가진 민족의 지배를 받았기 때문에 음식에서도 그 흔적들을 발견할 수 있지요. 그리스, 러시아의 영향력이 조리법이나 상차림에도 나타나며 중동의 관습도 엿볼 수 있어요. 세르비아와 보스니아헤르체고비나는 이슬람의 영향을 더 받은 반면 크로아티아에서는 오스트리아와 베네치아, 알프스와 지중해 요리를 연상시키는 음식들을 볼 수 있어요. 집에서 요리하는 것을 매우 자랑스럽게 여기며 **슬라트코**(병조림)로 저장한 채소와 과일로 손님을 대접해요. 초대받은 집에서 슬라트코를 종류별로 한 숟가락씩 맛보게 된다면 환영받는 손님이라고 생각해도 좋아요.

아침 식사

아침을 먹는 습관이 오래되지 않았지만 영양가 높은 음식으로 이루어진 식단은 하루를 든든하게 해 주죠. 커피와 홍차, 우유를 마시고 빵, 버터, 잼, 요거트, **파블라카**(사워크림), 치즈, 베이컨, 소시지, 살라미(건조 소시지)를 먹어요. 뜨거운 우유에 설탕과 버터를 넣고 딱딱한 빵을 적신 **포파라**를 먹거나 옥수수 가루에 신선한 치즈를 넣은 죽, **카차막**을 먹기도 하죠.

점심과 저녁 식사

집에서 담근 피클 **투르시아**와 햄이나 치즈 같은 전채 요리, **메제**를 먼저 먹은 후 도자기 그릇에 담아내는 가벼운 닭고기·소고기 수프를 먹어요. **크네들레**(뇨끼) 혹은 **초르바**(고기와 야채가 들어간 수프)로 메인 요리(주로 고기 요리)를 먹기 전 위장을 준비시키죠.

세 나라 모두 **필로**라는 아주 얇은 반죽으로 만든 **페이스트리**가 유명해요. 신선한 치즈 **카이막**과 달걀이 들어간 **기바니차**, 다진 고기와 향신료·치즈 또는 채소가 들어간 **뵈렉**이 있어요. 보스니아헤르체고비나에서는 짭짤한 빵을 **피타**라고 불러요. 감자가 들어간 것은 **크롬피라카**, 시금치가 들어간 것은 **젤랴니짜**라고 해요. 그릴에 구운 고기 그리고 동그란 빵과 함께 먹는 소시지 모양 미트볼, **체밥치치**도 인기 요리죠.

프르예스카비짜는 세르비아의 국민 요리로, 그릴에 구운 다진 고기를 납작한 빵 소문과 함께 식탁에 올려요. 고기, 양파, 고추가 들어간 꼬치 요리 **라니치**도 빠질 수 없죠. 포도잎 또는 양배춧잎으로 속재료(고기, 쌀)를 감싼 요리 **사르마**는 터키의 영향을 받았어요.

크로아티아에서는 올리브유 외에도 허브와 향신료(로즈마리, 세이지, 오레가노, 너트메그)를 사용하여 생선 요리, 그릴 요리, 튀김과 스튜 요리에 풍미를 더해요.

오늘은 어떤 요리?

카라조르제바 쉬즐라
송아지 또는 돼지고기 스테이크에 빵가루를 입혀 튀긴 것으로 속은 카이막 치즈와 베이컨으로 채우고 타르타르소스, 구운 감자를 곁들여 내는 요리.

파프리케 사 시롬
초록색 파프리카 속에 달걀과 페코리노 치즈를 채워 오븐에 굽고 카이막 치즈를 뿌린 요리.

리비 파프리카
파프리카 소스로 맛을 낸 고기 또는 꽁치 스튜.

시르
양, 염소, 젖소 우유 또는 이를 섞은 우유로 만든 치즈. 다양한 치즈 중 가장 많이 알려진 치즈로 페타 치즈와 비슷해요. 신맛이 돌고 질감은 거친 편이에요.

크네들 사 슬리바마
자두가 들어간 달콤한 감자 만두.

할바
참깨, 해바라기씨, 피스타치오, 꿀 또는 설탕이 들어간 반죽으로 식감이 퍽퍽하지만 잘 바스러지는 디저트.

파술 프레브라낙
돼지고기와 콩을 넣고 끓인 수프.

스바드바스키 쿠푸스
뚝배기에 양배추와 함께 천천히 익힌 돼지고기 요리로 축제나 결혼식 때 먹어요.

듀베스
고기, 야채, 쌀이 들어간 스튜.

파쉬티카다
절인 소고기에 향신료와 채소가 들어간 스튜. 크로아티아 사람들이 중요하게 생각하는 요리예요.

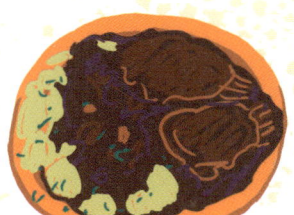

무사카
가지 또는 호박, 감자, 고기를 넣고 베샤멜소스로 덮은 요리. 발칸반도와 중동 지방에서 즐겨 먹는 음식이에요.

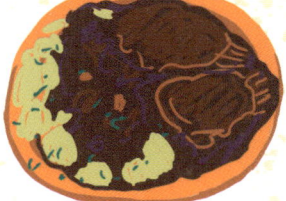

바클라바
중동 지방 어디서든 먹는 디저트. 겹으로 쌓은 반죽에 호두, 레몬 또는 꿀로 속을 채우고 설탕시럽을 뿌린 전통 파이예요.

크렘피타
페이스트리 사이에 커스터드 크림 또는 휘핑크림을 채운 디저트.

팔라친케
다양한 재료로 변형 가능한 크레페.

빵
다양한 종류의 빵이 있어요. **포아차**는 이스트를 넣고 또는 빼고 만드는 일반적인 빵을 말해요. 벽난로 재에서 구운 다음 다시 오븐에 구운 **파스테테**, 속을 채운 달콤하거나 짭짤한 파이 **키플레**, 굵은 소금으로 장식하거나 반달 모양으로 만든 **페레세**, 매듭 모양으로 만든 **브레첼**, 부드러운 피자 같은 **부흐틀레**, 참깨나 다른 견과류를 입힌 베이글 **디에베르시**, 튀긴 도넛을 뜻하는 **우쉬팁시**가 있어요.

요건 몰랐지?
체스니차는 세르비아에서 성탄절 밤에 나눠 먹는 동그란 빵이에요. 반죽 안에 숨겨진 동전을 발견하는 사람은 한 해 동안 평화와 번영을 누린다고 해요.

알바니아와 불가리아

알바니아와 불가리아는 서로 다른 나라지만 발칸반도와 가깝고 중동 국가의 영향을 받았다는 공통점이 있어요. 바다에 닿아 있다 보니 알바니아에서는 지중해식 생선, 야채 요리를 볼 수 있어요. 또한 오랜 전통 방식을 이어 온 산악 지역의 음식도 있어요. 불가리아 사람들도 할아버지부터 손자에게 이어지는 음식 문화에 큰 자부심을 갖고 있어요. 그리고 그 전통에서 주변 국가인 터키, 그리스, 러시아와 발칸 지역의 관계를 엿볼 수 있지요.

    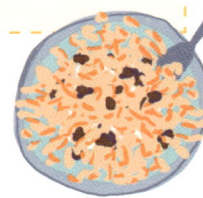

아침 식사

알바니아에서는 아침 식사로 빵, 버터, 요거트, 우유, 치즈, 잼, 올리브, 커피, 홍차를 먹어요. 야생에서 채취한 **마운틴티** 잎을 우린 차를 특별히 즐겨 먹어요. 불가리아에서는 밀과 요거트, 물 또는 우유를 섞어 만든 차가운 수프 **트리하나**, 맥아·옥수수·밀을 발효시킨 음료 **보자**를 먹어요. 알바니아에서는 아침에 밥을 먹기도 해요. **탐벨로리즈** 혹은 **술타쉬**는 쌀과 계피를 넣어 먹는 우유예요. **카부니**는 버터에 밥을 볶은 후 양고기 수프에 넣어 먹는 음식이에요. 불가리아의 아침은 **바니차**로 시작해요. 바니차는 **필로**라는 얇은 반죽에 달걀, 페타 치즈와 비슷한 시레네 치즈를 넣어 만든 빵이에요. **메키차**는 밀가루, 달걀, 요거트 반죽을 튀겨 만든 도넛으로 잼, 꿀, 요거트를 곁들이고 슈거 파우더를 솔솔 뿌려 식탁에 내요.

점심과 저녁 식사

두 나라 모두 점심이 가장 중요한 식사이며 밀가루 혹은 옥수수 빵이 빠지는 법이 없죠. 반면 저녁은 아침처럼 좀 더 가볍게 먹는 편이에요. 중동 지역처럼 메인 요리를 내기 전에 샐러드, 피클, 햄, 그릴에 구운 채소, 치즈, 올리브 같은 **메제**(전채 요리)를 한꺼번에 놓고 먹어요.

불가리아에서 가장 사랑받는 음식 중 하나는 바로 **숍스카**라는 샐러드예요. 깍뚝썰기한 오이, 토마토, 양파, 피망 그리고 하얀 시레네 치즈가 들어가죠. 전채 요리 중에는 매콤한 소시지 요리 **루칸카**, 토마토·가지·빨간 피망으로 만들어 빵에 발라 먹는 **루테니사**, 그리고 **카쉬카발** 치즈가 돋보여요. **키셀로 믈랴코**라는 요거트는 불가리아에서 가장 유명한 음식 중 하나예요. 아침 식사에서도 볼 수 있고 소스나 곁들여 먹는 음식 재료로 활용하죠. 알바니아에서는 필로 반죽으로 만든 짭조름한 빵, **피타**를 먹는데 속은 다양한 재료로 채울 수 있어요. 피타는 알바니아를 대표하는 음식이라 할 수 있어요!

오늘은 어떤 요리?

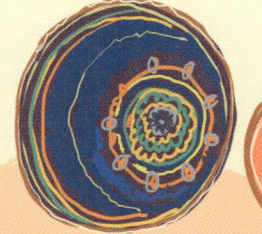

타라토르
오이, 요거트로 만든 차가운 수프로 마늘, 딜, 호두와 함께 먹어요.

알바니아

페르게세
빨간 피망, 양파, 토마토, 페타 치즈, 요거트를 넣고 뚝배기에 끓인 스튜. 요거트 대신에 리코타 치즈에 소 간을 넣은 것을 **타버데우**라고 부르며 양고기, 쌀, 요거트, 달걀이 들어간 것은 **타버코시**라고 해요.

얍프라크
쌀, 양파, 다진 고기를 포도잎으로 감싼 요리.

제일르
고기, 야채 스튜에 신선한 채소나 오믈렛을 곁들인 요리. 혹은 튀기거나 구운 고기와 야채 요리. 점심으로 먹기에 좋은 특별식이죠.

체바피 또는 체밥치치
발칸 지역에서 두루 볼 수 있는 요리. 다진 소고기나 양고기 반죽을 껍질이 없는 소시지 모양으로 만들어요. 이것을 그릴에 구운 후 빨간 피망, 요거트, 양파로 만든 **아이바르 소스** 그리고 피아디나 빵과 같이 먹어요.

플리
재로 덮은 솥뚜껑, 사크에 겹겹이 크레이프를 쌓아 올려 만든 케이크. 짭짤한 맛이 특징이에요.

불가리아

슈켄베 쵸루바
소 내장, 약간의 우유, 파프리카, 식초에 담근 다진 마늘, 고추를 넣고 만든 수프.

봅 초르바
불가리아를 대표하는 음식으로 말린 콩, 토마토, 양파, 당근, 허브의 한 종류인 세이보리를 넣고 끓인 수프.

규베치 또는 귀베체
고기와 야채 스튜를 끓이는 뚝배기를 말해요. 하지만 이 단어는 허브, 양파, 올리브, 토마토, 버섯, 가지, 감자, 당근과 파프리카가 들어가는 라타투이와 같은 음식을 가리키는 단어로 의미가 바뀌었어요.

카바르마
닭고기 또는 돼지고기를 튀겨 토마토와 향신료 소스로 맛을 낸 후 뚝배기에 끓인 스튜 요리.

무사카
감자, 다진 고기, 토마토를 쌓아 우유, 달걀 소스를 뿌려 오븐에 구운 요리.

케바프체
다진 고기에 향신료를 넣어 소시지 모양으로 만든 요리로, 양파가 들어가지 않아 납작한 미트볼 큐프테와 구별할 수 있어요.

투르시야
식초에 절인 다양한 채소. 집집마다 자신들의 요리 비법이 가장 완벽하다고 자랑해요.

디저트
카다이프는 중동 전 지역에 알려진 디저트예요. 아주 가느다란 실타래 위에 설탕시럽 혹은 꿀을 뿌려 먹어요.
판디스파녀라는 스펀지처럼 부드러운 케이크예요. 밀가루, 달걀, 설탕으로 반죽해서 **레첼**이라는 과일잼을 넣어 만들어요. 레첼은 단독으로 먹기도 해요.

요건 몰랐지?
알바니아 요리에서는 **허브**를 굉장히 중요하게 생각해요. 대략 250여 가지 허브를 재배하여 수출하고 스 재료뿐 아니라 약재로도 사용하지요.

불가리아에서 **케밥**은 꼬챙이에 끼워 먹는 요리가 아니라 양고기나 돼지 고기, 시금치, 양파, 토마토, 양배추, 고추, 콩을 넣고 끓인 스튜를 뜻해요.

그리스

그리스의 기후는 매우 건조해서 포도와 올리브나무, 밀 농사를 잘 지을 수 있어요. 바다로 둘러싸인 나라답게 식탁에는 늘 생선이 넘쳐나지요. 여름에는 고등어를 많이 먹고, 삶거나 스튜로 만든 오징어와 낙지, 에게해의 명물인 황새치도 쉽게 맛볼 수 있어요. **마리다** 또는 **마리다키라**라고 부르는 생선 요리는 맛있기로 손꼽혀요. 크기가 너무 작아 사실 먹으면 안 되는 생선이지만 그리스 사람들은 이 요리를 정말 사랑해요.

아침 식사

커피와 함께 바삭한 빵을 우유에 적셔 아침으로 먹어요. 밀과 요거트를 섞어 발효시킨 반죽에 물이나 우유를 넣어 죽처럼 만든 **트라하나**와 반숙 달걀도 먹어요.

점심과 저녁 식사

점심은 하루 중 가장 중요한 식사이고 저녁에는 남은 음식을 먹는 편이에요. **쿨루리 테살로니키**라는 도넛 모양의 전통 빵은 참깨가 뿌려져 있고 약간의 치즈 혹은 올리브를 곁들여 먹기에 좋아요. **필로**(매우 얇은 반죽), 시금치, **페타 치즈**로 만든 짭짤한 케이크도 즐겨 먹지요.

즐겨 먹는 식재료

올리브유, 올리브, 토마토, 가지, 감자, 파프리카, 양파, 마늘, 염소와 양 고기, 생선, 요거트, 꿀, 아몬드, 건포도를 늘 먹어요. 허브 종류로는 오레가노, 타임, 로즈마리, 바질, 파슬리, 고수, 딜, 회양풀, 세이지, 민트를 자주 사용해요. 계피, 너트메그, 후추, 바닐라, 참깨, 정향 같은 향신료도 있지요.

오늘은 어떤 요리?

메제
입맛을 돋우는 전채 요리를 메제라고 불러요.
식초 혹은 올리브유 절임, **돌마데스**(쌀 또는 고기를 포도잎으로 감싼 쌈), **피타키아**(고기, 야채 또는 치즈가 들어간 파이), 요거트·마늘·오이로 만든 **차지키 소스**와 채소를 곁들여 먹는 생선 알 무스 **타라모살라타**, 가지·마늘·토마토를 섞은 크림으로 차갑게 먹는 **멜리자노살라타**가 유명해요.

코코레치
양 내장으로 만든 전통 꼬치 요리.

기로스
꼬치에 구운 얇은 고기를 납작한 **피타** 빵에 넣어 먹는 요리.

무사카
야채와 고기가 들어간 라구 소스, 치즈와 베샤멜소스를 볶아 오븐에 구운 요리. 피자랑 비슷하게 생겼어요.

수블라키
고기 또는 생선 꼬치.

호리아티크
토마토, 오이, 양파와 페타 치즈가 들어간 샐러드.

베르카키아
필로 반죽에 소를 넣어 돌돌 만 음식.

칼바스
참깨, 아몬드 또는 피스타치오, 계피, 정향으로 만든 과자.

바클라바
필로 반죽에 꿀을 적시고 마른 과일을 올린 디저트

유발라키아
레몬과 달걀 흰자를 섞은 소스에 밥을 섞어 동그랗게 빚은 음식.

사로수파
생선 수프.

치즈
치즈는 그리스 식탁의 주인공이라고 할 수 있는 재료예요.
페타(양젖으로 만들어 신맛이 나고 질감이 거칠어요),
카세리, **케팔로티리**(강판에 갈아 먹어요), **그라비에라**와 **칼라타코**(염소젖으로 만들어요), **라도티리**(올리브유와 함께 먹어요), **카티키 살라푸티**(발라 먹어요) 치즈가 있어요.

요건 몰랐지?
장례식에서는 **콜리바**라는 음식을 먹어요. 끓인 밀에 건포도, 호두, 석류 알갱이를 넣은 거예요. 보통 그리스식 커피를 함께 마시죠.

터키

지중해, 중동, 중앙아시아와 발칸반도 나라들의 독특한 음식 문화를 하나로 모아서 보여 주는 것이 바로 터키 음식이에요. 이런 터키 음식은 다시 여러 나라 요리에 영향을 미쳤어요.

아침 식사

아침은 힘찬 하루를 시작하기 위한 음식으로 채워져 있어요. 빵, 달걀, 치즈, 소시지, 버터, 잼, 꿀, 파이와 포카치아, 고기, 파프리카, 오이, 토마토처럼 말이죠. 치즈 중에는 중동 전역에서 유명한 **카이막**이 있어요. **베야즈 페이니르**는 하얗고 쫀쫀한 치즈예요. 둥근 모양의 **카사르**는 약간 발효된 치즈예요. 가공한 고기로는 향신료를 더한 소시지, **수죽**이 유명해요. 또 **파스트르마**는 짭조름하게 간을 하여 건조시킨 햄으로 육포와 비슷해요.

유프카는 아주 얇은 반죽으로 **뵈렉**이라는 파이를 만드는데 사용해요. 뵈렉은 속을 가득 채운 케이크 형태로도 만들고 신선한 치즈를 넣어 긴 소시지 모양으로 만들기도 하죠. 검은깨를 뿌린 베이글 **시미트**와 달콤한 **포아차**도 아침 식사에서 흔히 볼 수 있는 빵이에요. **메네멘**은 달걀을 풀어 토마토, 볶은 피망, 양파, 향신료를 넣고 만든 음식이며, **츨브르**는 달걀 프라이에 요거트를 곁들인 요리예요.

아침과 디저트로 즐겨 먹는 **카다이프**는 정성이 많이 들어가는 빵이에요. **필로**(매우 얇은 반죽)를 아주 가늘게 잘라서 층으로 쌓은 후 튀겨 피스타치오 가루를 넣고 마지막에 시럽을 뿌려 줘요. **차이**라고 부르는 홍차와, 과일 시럽이나 꽃잎을 냉수에 희석시킨 음료 **셰르베트**는 하루 종일 수시로 마셔요.

점심과 저녁 식사

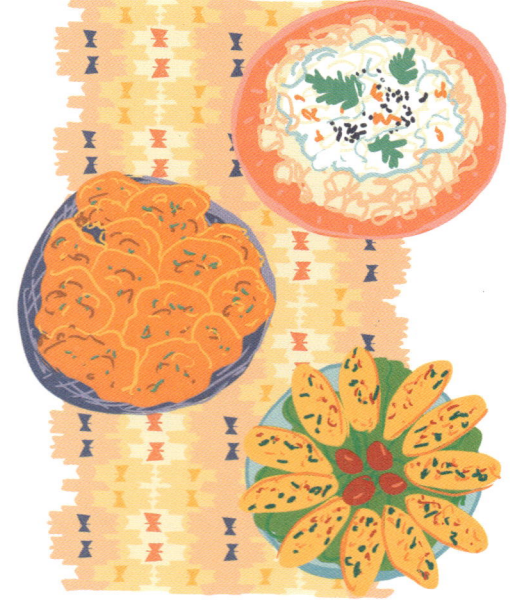

지중해와 다른 중동 지역처럼 **메제**라고 하는 전채 요리로 식사를 시작해요. 다양한 종류의 음식을 조금씩 동시에 맛볼 수 있죠. 그 다음에는 주재료에 따라 이름이 바뀌는 수프, **쵸르바**를 먹어요. 수프 대신 먹을 수 있는 **타르하나**는 발효된 밀과 요거트, 물을 섞은 죽이에요. 쌀 또는 **불구르**(밀을 쪄서 말렸다가 빻은 것)를 뚝배기에 익혀서 야채나 고기 수프에 곁들여 먹어요.

고기 만두 **만티**는 끓이거나 쪄서 요거트, 마늘, 허브 소스를 뿌려 먹어요. 집에서 먹는 일상적인 요리라고 할 수 있어요. 채식 요리로 **뮈즈베르**(호박 또는 강판에 간 감자, 달걀, 양파, 치즈, 밀가루로 만든 부침개), **메르지멕 쾨프테**(붉은 렌틸콩 완자), **제이틴얄러 예멕레**(채소를 볶아 차갑게 먹는 요리)가 있어요. 파프리카나 가지, 포도잎의 속을 채운 **돌마**도 즐겨 먹는 요리예요. 채소, 쌀, 불구르 또는 고기로 속을 채워 만들고, 요거트와 허브를 뿌려 따끈하게 먹지요.

94

즐겨 먹는 식재료

가지, 파프리카, 양파, 마늘, 렌틸콩, 완두콩, 토마토, 피스타치오, 밤, 아몬드, 헤이즐넛, 호두, 향신료(커민, 후추, 고추, 민트 등)를 즐겨 써요. 이런 식재료들은 지붕이 있는 실내 시장을 의미하는 차르쉬쉬에서 살 수 있어요. 또 냉장고에는 항상 요거트가 있어요. 요거트는 많은 요리에 사용되고 중요한 역할을 담당하죠. 오이, 마늘, 파슬리에 섞으면 짭조름한 소스, **차즉**이 되죠.

오늘은 어떤 요리?

터키에서는 식당을 로칸타라고 불러요. 세계적으로 알려진 케밥은 맛있고 저렴하며 간편하게 먹을 수 있기 때문에 노점에서도 자주 먹는 음식이에요. **케밥**은 양고기, 소고기 혹은 닭고기에 향신료를 뿌리고 꼬챙이에 끼워 구운 다음 칼로 잘라 야채, 소스와 함께 먹어요. 곁들이는 소스와 굽는 방식에 따라 수많은 종류가 있어요. **되네르 케밥**은 수직으로 세운 꼬치에 고기를 겹겹이 쌓아 구운 후 부드러운 빵에 끼워 먹는 거예요. **뒤림 케밥**은 얇은 빵을 종이로 감싼 케밥인데 걸어가면서 먹을 때 손에 묻지 않도록 한 것이죠. **아다나 케밥**은 손으로 다진 양고기에 피망, 빨간 고추를 넣고 꼬치에 끼워 그릴에 구운 것이며, 보통 샐러드와 곡물빵과 함께 먹어요. **이스켄데르 케밥**은 토마토·요거트·녹인 버터로 만든 소스를 뿌리고, 보통 무즙을 곁들여 먹지요.

길거리에서 만날 수 있는 다른 음식으로는 민트 미트볼이 있어요. 미트볼을 꼬챙이에 끼워 그릴에 구워요. **괴즐레메**는 얇은 빵에 원하는 재료를 넣어 돌돌 만 다음 뜨거운 판에서 익히는 음식이에요. 흔히 알려진 **코코레치**는 꼬치로 구운 양 내장을 잘게 썰어 빵에 넣어 먹는 음식이죠. **쿰피르**는 오븐에 구운 감자 속을 포크로 꾹 눌러 버터, 치즈, 각종 소스, 피클, 소시지를 넣어 먹는 거예요. **라흐마준**도 터키가 자랑하는 요리인데 다진 고기, 향신료, 잘게 썬 채소를 올린 아주 얇은 피자예요. 또 **피데**는 터키에서 일상적으로 먹는 전통 빵이에요.

항구 주변이나 정박된 배에서는 **발륵 에크멕**이라는 음식을 사 먹을 수 있는데 튀기거나 구운 생선이 들어간 샌드위치를 말해요.

디저트 세상

많이 알려진 **바클라바** 외에도 **큐네페**가 있는데 얇게 민 반죽 사이에 신선한 치즈를 넣고 시럽으로 적신 디저트예요. 또 추로스 같이 튀긴 **투룸바**라는 전통 과자도 있어요. 입가심과 소화에 도움이 되는 **로쿰**은 주사위 모양의 부드러운 젤리로 장미나 오렌지로 맛을 내요. 떠먹는 디저트 **뮤할레비**는 쌀, 우유, 설탕, 장미수 또는 재스민이 들어간 음식이에요. 이것을 오븐에 살짝 구우면 **수트라치**라고 불러요. **타북 교우수**는 닭가슴살, 우유, 쌀, 계피가 들어간 푸딩이에요.

요건 몰랐지?

케슈케크는 고기와 밀가루, 보리 등의 곡물을 섞어 으깨서 만든 죽으로, 2011년 유네스코가 무형문화유산으로 지정한 요리예요.

95

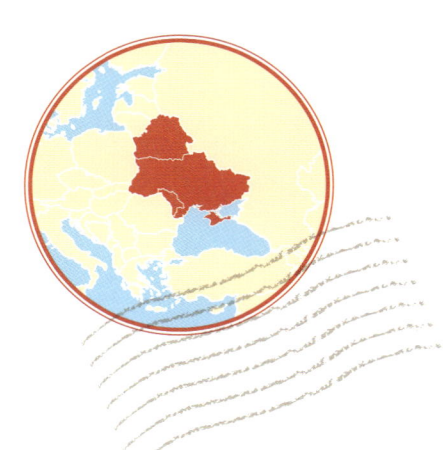

우크라이나, 벨라루스, 몰도바

세 나라는 한때 소련에 속해 있었고, 오늘날에도 정도의 차이는 있지만 러시아와 관계가 깊은 편이에요. 세 나라 음식 문화의 공통점은 수프에서 찾을 수 있어요. 사탕무와 토마토 때문에 빨간빛을 띠는 **보르시**가 가장 유명한데 고기, 허브도 들어간 수프예요. 우크라이나에서 탄생한 보르시는 사워크림을 곁들이고 오븐에 구운 동그랗고 폭신한 빵, **팜푸시카**와 함께 먹어요. **젤레니슈 보르시**는 시금치 같은 잎채소로 만든 초록색 수프예요. 삶은 달걀이나 사워크림과 함께 먹어요. 공통적으로 먹는 또 다른 요리로 감자, 양파, 오이, 달걀, 고기로 만든 **오크로스카**와 곡물 또는 과일을 발효시켜 자작나무 수액을 더한 음료, **크바스**가 있죠. 세 나라는 전 요리도 즐겨 먹어요. 벨라루스를 대표하는 **드라니키**는 감자를 갈아서 양파를 넣고 부친 음식이에요. 우크라이나에서는 이것을 **드로니**라고 부르죠. 한편 **시르니크**는 싱싱한 치즈, 달걀로 만들어 잼, 휘핑크림과 함께 즐기거나 과일을 넣어 먹어요. 좀 짭짤하게 만들어 먹기도 하고요.

우크라이나

카르죠크
밀가루와 감자를 섞은 반죽으로 만든 뇨끼로 그대로 익히거나 사워크림에 넣어서 먹어요. 우유에 넣어 끓인 것은 보통 아침으로 먹어요.

오즈바르
말린 과일을 우려 만든 음료. 가정에서 많이 마셔요.

프라이에지네 몰로코
오래 끓인 크림 질감의 우유. 발효시킨 것은 **랴젠카**라고 불러요.

카푸시냐크
양배추와 돼지고기 수프로 발효시킨 크림인 **스메타나**와 함께 먹어요.

샬랸카
고기 혹은 생선, 버섯과 다른 채소를 넣고 끓인 시큼하고 매운 수프.

로솔니크
소금물에 절인 오이 수프.

벨라루스

피에로기
우크라이나에서는 **바레니키**라고 부르며 몰도바에서도 볼 수 있는 음식이에요. 감자와 다진 고기, 치즈, 과일 등 다양한 재료로 만들 수 있는 만두예요.

피로그
다양한 소를 채운 짭짤한 파이로 보통 고기나 채소가 들어가요. 반죽은 페이스트리처럼 부드럽게 만들거나 효모를 넣어 발효시키기도 해요. 이름이 비슷한 **피로슈키**는 빵 반죽 안에 고기, 채소를 넣거나 과일 혹은 리코타 치즈를 넣어 달콤하게 만들기도 해요.

홀롭시
싱싱하거나 절인 양배춧잎에 고기, 쌀, 메밀, 감자를 넣고 토마토소스나 사워크림을 곁들여 먹는 요리예요.

나리스니키
얇은 크레페(조금 더 두껍다면 **린시**라고 해요) 속을 시큼한 치즈, 고기, 양배추, 과일로 채우고 사워크림과 함께 즐기는 음식.

카샤
메밀을 가리키는 카샤는 두 가지 이상의 곡물을 섞은 것을 말하기도 해요. 수분이 얼마나 포함되어 있는지에 따라 메인 요리가 되거나 사이드 요리가 되죠. 돼지고기, 양파와 함께 먹고 우유에 넣어 끓이면 아침에 죽으로 먹을 수 있어요.

살라트 올리비에
러시아의 유명한 샐러드로 감자, 당근, 삶은 완두콩을 마요네즈, 삶은 달걀, 양파, 피클과 섞은 음식이에요. 매우 다양한 방법으로 변형되며 벨라루스에도 이와 비슷한 요리가 있어요.

몰도바

솔랸카
돼지고기, 오이, 소시지, 토마토가 들어간 수프.

제마
닭고기, 국수를 넣고 끓인 몰도바를 대표하는 수프.

보르시
시큼한 수프를 보르시라고 불러요. 밀, 보리 등의 곡류를 발효시킨 국물이 특유의 신맛을 내요.

마마리가
옥수수죽으로, 치즈 또는 사워크림과 함께 즐기며 아침 식사로도 먹어요. 야채, 고기 스튜와도 잘 어울리는 음식이죠.

프리가루이
꼬치에 고기와 피망을 번갈아 꽂아 마늘과 양파로 간을 한 후에 불에 구운 요리.

플라친테
발효시킨 빵을 오븐에 구워 치즈, 달걀, 허브, 감자로 속을 채운 음식이에요. 리코타 치즈나 새콤한 과일을 넣어 달콤한 디저트로 활용하기도 해요.

요건 몰랐지?
달걀은 요리 재료로만 쓰이지 않아요. 색깔을 입히고 그림을 그려 장식품으로도 활용된답니다. 처음에는 부활절을 기념하기 위해 생긴 풍습이었지만 연중 남아 있게 되었죠. 특히 우크라이나는 달걀을 활용한 세련된 예술 창작품으로 유명해요.

러시아

세계에서 가장 큰 나라로 유럽에서 아시아까지 뻗어 있지만 땅의 절반에만 사람이 살고 있어요. 음식에 관한 전통은 기후와 민족의 역사에 따라 다른 모습을 보이죠. 특정 음식에 대한 금지 규정이나 금식 기간 등 그리스 정교회의 영향이 크게 남아 있어요. 대규모 곡물 농사를 지으며 추위를 견디며 긴 겨울을 보내지요. 겨울에도 보관할 수 있는 식재료를 이용해 간단하면서도 영양가 높은 요리를 많이 하지요. 한편 러시아 황제 궁궐에서 탄생한 요리들은 세계에서 가장 우아한 음식 중 하나로 손꼽혀요. 대표적으로 스트로가노프식 소고기 안심 구이와 감자, 당근, 완두콩과 마요네즈가 들어간 전채 요리, **살라트 올리비에**가 있어요.

아침 식사

어두컴컴할 때 아침이 시작하므로 조금이라도 더 잠을 자기 위해 아침을 대충 먹는 경우가 많아요. 달콤한 **홍차**나 커피에 버터를 바른 빵 한 조각, 햄으로 간단히 먹지요. 시간 여유가 있을 때는 소시지, 파프리카, 밀이 들어간 오믈렛이나 **카샤**(오트밀 혹은 메밀을 우유에 끓인 죽)를 먹고 **블리니**(두꺼운 팬케이크)에 잼, 리코타 치즈, 연유, 꿀, 사워크림을 곁들여 먹어요. 때로는 짭조름하게 볶은 양배추, 다진 고기, 사워크림을 곁들이기도 해요. 달걀 노른자와 설탕을 풀어 적셔 튀긴 빵, **크렌키**도 즐겨 먹어요.

점심과 저녁 식사

음식을 먹는 순서는 어느 정도 정해져 있어요. 차가운 애피타이저, 따뜻한 수프, 고기 또는 생선 요리, 감자, 파스타 혹은 밥을 먹지요. 음료로는 **크바스**(과일, 곡물, 빵, 자작나무 수액을 넣어 발효시킨 국민 음료)를 즐겨 마셔요. 매우 중요한 음식으로 여기는 수프는 크게 일곱 종류로 나뉘어요. 입맛을 돋우는 새콤한 전채 요리, **자쿠스카**를 아름답게 차린 식탁은 눈과 입을 즐겁게 해요. 차갑게 만드는 애피타이저가 대부분이지만 따뜻한 종류도 있고 이중에 어떤 음식은 완벽한 한 끼로도 손색이 없어요. 러시아에서도 빠르게 먹을 수 있는 요리가 있어요. 속을 채운 팬케이크, 햄버거, 오븐에 구운 감자, 피자, 닭고기 통구이처럼 말이죠. 길거리에서 만날 수 있는 음식으로는 절인 양고기, 소고기 혹은 돼지고기를 꼬챙이에 끼워 양파, 허브, 식초 혹은 다른 새콤한 양념으로 만드는 **샤슬릭**이 있어요. 석류 소스, 오이 샐러드, 그리고 납작한 빵을 곁들여 먹어요.

오늘은 어떤 요리?

자쿠스카
전채 요리는 정확한 순서에 따라 먹어요. 생선(훈제 청어와 양파, 연어, **캐비어**)이 들어가는 것, 고기가 들어가는 것, 샐러드, 달걀, 채소와 절인 버섯, 과일 조림, 겨자, 단무지, 치즈, 샌드위치, 젤리로 굳힌 수육 **아스픽** 순으로 먹죠.

수프
곡물을 발효시킨 음료 **크바스**로 만드는 차가운 수프가 여러 종류 있어요. 가장 많이 먹는 것은 사탕무, 생선, 허브로 만든 **보트빈자**예요. 그리고 오이, 양파, 삶은 감자, 삶은 고기 혹은 소시지, 사워크림에 섞은 달걀로 만든 **오크로쉬카**가 있어요. 양배추를 기본 재료로 만드는 **시** 수프는 소금물에 절인 양배추, 신선한 양배추, 소고기를 넣어 만들며 사워크림, 호밀빵을 곁들여 먹어요. 또한 고기, 절인 오이, 감자, 곡물, 허브가 들어간 시큼하고 진한 맛의 **라쏠니크**도 있어요. 끝으로 메밀이 들어가는 **카샤**는 레시피에 따라 국물을 많게 혹은 적게 만들 수 있어요.

보로딘스키 훌렙
특유의 시큼한 맛이 나는 호밀빵을 가장 많이 먹어요. 커다란 덩어리 빵을 조금씩 잘라서 먹죠. **나레즈노이**는 일반적으로 먹는 하얀 빵으로 단맛이 더 나요.

펠메니
고기 만두로, 버터 혹은 머스터드소스나 사워크림같이 시큼한 소스를 곁들여 먹어요. 종종 많은 양을 준비하여 차가운 곳에서 자연적으로 얼린 후 밀봉하여 보관해요.

드라니키
양파가 들어간 감자 부침으로 사워크림을 뿌려 먹어요.

벨쟈스
다진 고기와 감자를 채워 튀긴 도넛.

칼바사
소금물에 절인 두툼한 돼지비계를 이용해 단단한 햄, **칼바사**를 만들어요. 러시아 사람들은 보드카와 함께 칼바사를 먹곤 해요. 그 밖에도 소시지와 비슷한 **바료네**, 물에 데친 **바료너 캅쇼네**, 훈제한 **도마슈나야**, 훈제하여 오븐에 구운 **시로캅쇼네**가 있어요.

즐겨 먹는 식재료
계절에 상관없이 마음껏 먹을 수 있도록 버섯, 양배추 등의 식품 보관법이 발달했어요. 덕분에 음식을 구할 수 없는 겨울에도 비타민을 먹을 수 있죠. **크바스와 케피어**도 발효 식품인데 케피어는 우유로 만든 하얀 요거트로 물이 들어가면 투명한 색을 띠어요.

부활절은 일 년 중 가장 중요한 축제예요. 이때는 설탕에 절인 말린 과일을 넣고 설탕 구슬로 장식한 케이크, **쿨리치**를 준비하죠. 일반적인 기념일에는 **프리아니크**라는 전통 과자를 먹어요.

요건 몰랐지?
차이는 세계적인 음료예요. 찻주전자에 따뜻한 물로 우려서 언제든지 마실 수 있죠. 홍차를 진하게 우려서 설탕이나 꿀, 과일 시럽을 타서 마셔요.

아프리카

이집트
에리트레아
에티오피아
소말리아
케냐
마다가스카르
남아프리카공화국

모로코

대서양과 지중해를 내다보고 있는 모로코는 베르베르, 아랍, 유럽 등 다양한 문화의 영향을 받았어요. 음식은 국경을 맞대고 있는 북아프리카 나라들과 비슷하지만 더 정교하며 영양가가 풍부한 재료를 많이 사용해요. 단맛과 짠맛이 번갈아 나타나는 것이 특징이에요. 300킬로미터가 넘는 해안을 가지고 있는 덕분에 멸치, 정어리, 참치, 고등어, 넙치 등 모든 종류의 생선 요리를 맛볼 수 있어요.

아침 식사

바그리르(표면에 구멍이 송송 나 있는 크레페) 혹은 **무세멘**(얇은 빵)에 꿀, 오렌지 주스, 우유와 아보카도로 만든 스무디를 먹어요.

점심과 저녁 식사

가지와 토마토가 들어간 따뜻한 샐러드 **자알룩**이나 토마토, 사과, 양파, 파프리카, 사탕무, 고수로 만드는 차가운 샐러드 **탁투카**로 식사를 시작해요. 이어서 고기, 야채, 향신료를 넣어 만든 스튜 **타진**을 먹어요. 타진은 원래 진흙으로 빚은 그릇인데, 뚜껑이 뾰족한 원뿔 모양으로 생겼어요. 이 특별한 냄비에 요리해서 탄생한 이름이죠. **쿠스쿠스**는 밀가루를 손으로 비벼 만든 알갱이를 증기로 쪄서 소고기, 닭고기 또는 생선, 야채와 함께 먹는 음식이에요. 병아리콩을 넣어 짜게 먹을 수 있고 건포도, 생강, 사프란, 양파, 소금을 넣어 달게 먹기도 해요.

장보기

시장을 뜻하는 수크는 판매하는 물건에 따라 구역이 나뉘어 있어요. 판매 가격이 따로 정해져 있지 않고 그때그때 흥정해서 사고팔지요. 개인의 형편에 따라 값을 지불하는 것이 코란의 규정이에요. 시골에서는 농장에 가서 필요한 것을 사기도 해요. 우유 또는 **레벤**이라고 하는 발효유나 정제버터 **스멘**을 구할 수 있어요. 대부분의 부엌은 녹차, 슈거 파우더, 오렌지꽃 우린 물, 참깨, 아몬드, 대추, 건포도, 병아리콩, 레몬 피클 등을 갖추고 있지요.

즐겨 먹는 식재료

냉장고에는 야채와 계절 과일이 있어요. 당근, 호박, 가지, 양배추, 피망, 애호박, 무, 토마토, 양파, 마늘, 오렌지, 아보카도, 레몬 등이죠. 고기는 할랄 고기를 먹어요. 할랄이란 아랍어로 '허용된 것'이란 뜻으로, 이슬람의 율법에 따라 도살이 이루어졌다는 것을 증명해요. 돼지고기는 금지하기 때문에 닭고기, 양고기, 소고기, 염소 고기를 먹죠.

오늘은 어떤 요리?

디타 디 파티마
브리크(찜통에 구운 반죽)로 만든 롤. 스프링롤처럼 생겼어요. 안에 고기, 달걀, 치즈, 향신료를 넣어요.

트리파
소의 내장 요리로 다양한 형태가 있어요. **티칼리아**, **카르차**(국물이 더 많아요), 혹은 **다우아라** 등이죠. 향신료, 올리브, 토마토, 마늘, 파슬리, 레몬을 넣어 풍미를 더해 줘요.

하르지마
소나 염소 족발에 병아리콩을 넣고 만든 스튜 요리.

메슈이
양고기를 꼬챙이에 끼워 손으로 뜯을 수 있을 정도로 육질이 부드러워질 때까지 구운 음식이에요. 메슈이는 굽는 방법을 뜻하기도 하는데 땅에 2미터 정도 되는 깊은 구멍을 파고 꼬챙이를 박아 여섯 시간 가까이 천천히 고기를 굽는 방식이지요.

브리오앗
얇은 반죽으로 만든 세모 파이. 닭고기나 양고기, 레몬, 후추가 들어 있고 감자나 콩을 곁들여 먹어요. 아몬드나 땅콩 크림을 넣고 꿀과 오렌지꽃 우린 물을 위에 뿌려 달콤하게 만들기도 해요.

리피싸
닭고기, 렌틸콩, 향신료로 만드는 매우 대중적인 음식. 잔치할 때 즐겨 먹어요.

수프
수프의 일종인 **초르바**, 말린 잠두콩과 마늘·오일·레몬·향신료로 만든 퓌레 **비스사라**, 닭고기·쌀 또는 파스타·콩·레몬즙·향신료를 넣고 만드는 **하리라**가 있어요. 라마단 기간 저녁이나 해질 때쯤 빵과 대추를 곁들여 먹어요.

디저트
디저트의 종류는 정말 다양해요. 아몬드 가루 반죽에 속을 채운 부드러운 전통 과자의 이름은 **가젤 발목**이에요. 참깨와 계피가 들어간 과자, **그리바 발라**도 있어요.

모로코 요리에는 항상 향신료를 넣곤 해요. 고추, 사프란, 커민, 강황, 후추, 생강, 계피, **라스 엘 하누트** 등이죠. 라스 엘 하누트는 최소 30여 가지 향신료와 말린 식물을 섞어 빻아 만든 것이에요. 그렇기 때문에 똑같은 게 하나도 없어요. 집과 가게마다 비법 재료가 달라요. 민트, 고수, 쑥, 오레가노, 마요라나, 버베나, 세이지 등 다양한 재료를 쓰지요.

요건 몰랐지?
모로코의 유명한 음료 에이스(ACE) 주스는 비타민 A, C, E를 보충해 줘요. 오렌지, 당근, 레몬 맛이에요!

알제리와 튀니지

알제리와 튀니지 음식에는 페니키아, 터키, 프랑스의 문화가 남아 있어요. 하지만 두 나라의 요리는 사막의 유목민들이 먹던 요리의 영향을 가장 많이 받았어요. 가지고 다닐 수 있는 냄비와 도구, 함께 모여 식사할 때의 즐거운 분위기가 바로 그 결과예요.

아침 식사

튀니지의 하루는 설탕이나 꿀을 뿌린 **밤발루니**라는 도넛으로 시작해요. 아침 식사에서는 바닐라, 대추야자, 피스타치오로 맛을 낸 쌀 푸딩, **말비야**를 만날 수 있어요. 또한 볶은 아몬드 가루와 참깨가 들어간 파이, **쌈싸**도 맛볼 수 있죠.

알제리에서는 아침뿐만 아니라 모든 식사에서 **케스라** 같은 세몰리나 빵을 먹어요. 질그릇에 구워서, 응고시킨 우유와 함께 먹지요. 알제리는 세계에서 가장 풍성한 제과를 자랑하는 나라 중 하나예요. 밀기울, 꿀, 녹인 버터로 만드는 케이크는 **타미나**, 아몬드와 오렌지꽃 우린 물을 넣어 만드는 초승달 모양의 디저트는 **차락** 또는 **가제 뿔**이라고 불러요. 세몰리나로 만드는 **마끄로드**는 마름모 모양의 전통 과자이며 대추야자 혹은 아몬드가 들어가요.

알제리와 튀니지 두 나라 모두 밀가루, 버터, 꿀을 넣은 **아시다**를 만들어 먹어요. **비싸**는 보리와 다른 곡물을 섞은 가루에 병아리콩 가루, 허브, 향신료, 물, 우유, 기름을 섞어 만든 음식이에요. 설탕을 뿌린 후 대추, 말린 과일을 곁들여 아침으로 먹어요.

점심과 저녁 식사

신선한 음식과 샐러드를 잘 챙겨 먹어요. 야채가 생으로 혹은 익혀서 들어가는 음식이 굉장히 많지요. **튀니지식 샐러드**에는 토마토, 양파, 삶은 달걀, 올리브, 참치나 정어리가 들어가요. **슬라따 무슈위야**도 매우 대중적인 샐러드로 피망, 양파, 그릴에 구워 쪼그라든 토마토, 참치, 삶은 달걀, 올리브유, 레몬이 들어가요.

즐겨 먹는 식재료

아침 식사부터 달걀, 토마토, 향신료, 곡물, 파스타, 참치, 꽃 추출물이 들어가는 요리를 많이 볼 수 있어요. 식료품 저장고에는 납작하고 동그란 모양에 깨가 뿌려져 있는 **타부나 빵**을 보관해요. 이스트를 넣지 않은 반죽을 진흙 화덕에 구워 만들지요. 타부나 빵은 베르베르족이 먹던 전통 빵이에요.

오늘은 어떤 요리?

케미아
본격적으로 점심 식사를 시작하기 전에 손님들을 환영하는 전채 요리 모듬이에요. 보통 해산물, 소금에 절인 생선, 야채 스튜, 따뜻하거나 차가운 샐러드, 말린 과일을 준비하죠. 토마토, 가지, 피망 속을 다양한 재료를 채워 오븐에 구운 요리는 늘 인기가 좋아요.

쿠스쿠스
엄청 유명해서 지중해 반대편에서도 먹는 요리예요. 증기에 찐 듀럼밀에 고기(양고기, 닭고기, 소고기), 콩, 야채를 넣어 만들어요. 튀니지의 해안 마을에서는 특별 요리인 생선 쿠스쿠스를 만나 볼 수 있어요. 우유와 설탕, 대추야자, 아몬드, 피스타치오, 건포도를 추가해서 달콤하게 즐길 수도 있지요. 두 개의 팬을 겹친 찜통에다 익히는데 아래 팬에서는 육수로 야채와 고기를 익히고 수증기가 구멍을 통해 위층 팬까지 올라가 듀럼밀을 서서히 익히며 풍미를 더하죠.

파스타와 수프
파스타를 많이 먹는 편이에요. **레치타 디제리아**는 가장 대중적인 음식 중 하나로 엔젤 헤어라고 불리는 아주 가느다란 파스타에 계피, 고기, 야채를 넣어 만들어요. 유명한 수프로는 녹색 듀럼밀을 볶아 양고기와 끓인 **파릭**이 있어요. 또한 **초르바**는 야채, 밀 또는 잘게 부순 파스타, 양고기, 닭고기 또는 소고기로 만든 수프예요.

브릭 혹은 부렉
만두와 비슷한 음식으로 페이스트리 반죽에 다진 고기나 참치, 야채, 달걀을 넣고 튀겨요. **마쿠다** 역시 튀긴 음식으로 감자가 주재료이며 취향에 따라 참치를 넣어요. 이것은 특히 라마단 기간에 먹는 요리예요.

타진
튀니지의 타진은 모로코 사람들이 원뿔 모양의 냄비에 담아 먹는 유명한 고기 스튜와 전혀 다른 요리예요. 달걀, 닭고기 혹은 참치, 감자 또는 콩, 치즈, 파슬리, 향신료로 만드는 짭짤한 달걀찜 요리예요.

라블라비
가장 대중적인 수프로 병아리콩, 마늘, **하리사**(고추를 갈아 만드는 소스)를 넣어 만들고 바삭한 빵을 곁들여 먹어요. 늦은 시간까지 길거리에서도 판매하는 음식이에요.

메르게즈
양고기로 만든 신선한 소시지로 마늘, 하리사, 커민과 향신료를 넣어 풍미를 더해요. 그릴에 굽거나 스튜에 넣어 먹어요. 길에서도 사 먹을 수 있고 집에서도 자주 요리해서 먹어요.

소롭
수숫가루, 물이나 우유, 장미수, 참깨를 섞어 만든 디저트예요.

샥슈카
피망, 토마토, 양파가 들어간 라구 소스로 달걀을 얹어 식탁에 올려요.

향신료
고추, 마늘, 올리브유로 만들어 맵기로 소문난 **하리사** 소스 외에도 음식에 풍미를 더하고 소화를 돕는 매우 다양한 허브와 향신료를 사용해요.

105

이집트

이집트의 오랜 역사는 매우 다채롭고 풍성한 음식 문화를 만들어 냈어요. 고유의 문화를 가지고 있으면서도, 시간이 지나면서 점점 지중해, 터키, 그리스, 레바논, 팔레스타인의 문화를 받아들였죠. 가장 대중적인 음식은 중동에서 영향을 받았어요. 하지만 남부 지역 음식에서는 아프리카의 특색도 느낄 수 있어요. 다양한 식재료와 조리법, 맛있고 건강한 음식이 많아 이집트 사람들은 폭넓은 선택권을 갖고 있는 셈이에요. 음식이 건강하다고 하는 것은 대체로 기름기가 적기 때문이에요.

아침 식사와 간식

풀은 북아프리카와 중동에서 먹는 음식으로 아침 식사에 등장할 때가 많아요. 말린 잠두콩과 올리브유, 파슬리, 양파를 넣고 레몬즙을 뿌린 후 스튜처럼 끓인 음식이죠. 아침이나 간식으로 먹을 수 있는 디저트 중에는 다른 지중해 국가와 비슷한 전통 조리법이 많아요. 세몰리나 반죽에 설탕시럽을 뿌려 구운 케이크, **바스부사**는 주사위 모양으로 자른 후 아몬드를 올려 먹어요. **바클라바**는 얇은 반죽을 겹겹이 쌓아 꿀과 피스타치오를 넣어 만들죠. **할바**는 달콤하고 고소한 디저트로 참깨 반죽, 꿀, 말린 과일로 만들어요. **카나페**는 물과 밀가루 반죽에 말린 과일, 꿀, 치즈를 넣은 음식이죠. 질그릇에 몇 달 동안 발효시킨 부드러운 치즈, **미시**는 아침 식사 때 먹기에 좋아요. 우유로 만든 **도미아티** 치즈는 오래 발효시키지 않고 신선하게 먹어요.

점심과 저녁 식사

말루키아는 말린 아욱잎을 빻아서 올리브유에 섞은 후 뜨거운 물에 부어 오래 익힌 요리예요. 뻑뻑한 크림 상태가 되면 향신료와 허브를 넣고 낙타 고기나 내장과 함께 먹어요. 점심과 저녁에는 **마시**라는 요리를 자주 먹는데 포도잎이나 양배춧잎에 토마토소스로 간을 한 밥을 넣어 가지, 피망, 애호박, 호박 같은 야채와 함께 먹어요. 식사의 주인공은 늘 고기예요. 대중적인 음식 중 하나인 **까무니아**는 소고기와 간에 커민을 넣은 스튜예요. 이집트 사람들은 **에이시**처럼 가벼운 빵을 잘 만드는 것으로 유명해요. 부드럽고 동그란 빵을 숟가락이나 그릇으로 사용해 소스, 샐러드, 그릴에 구운 고기를 담기도 해요.

오늘은 어떤 요리?

타이나
참깨, 마늘, 레몬과 기름을 섞어 만든 페이스트. 가지를 으깨서 마늘, 기름, 민트를 섞으면 **바바가누쉬**가 돼요. 바바가누쉬는 빵에 발라 먹거나, **팔라펠**과 같이 먹기에도 좋아요.

두카
허브, 헤이즐넛, 향신료, 기름을 섞은 양념. 빵과 함께 먹어요.

코샤리
쌀, 파스타, 병아리콩, 렌틸콩, 마늘, 식초, 향신료를 더한 토마토소스에 양파 튀김을 올려 장식한 요리. 매우 경제적이면서도 영양가 높은 음식이며 어디서든 맛볼 수 있어요. 식당에서 포장해 가는 사람도 많답니다.

팔라펠과 후무스
팔라펠은 껍질을 벗긴 신선한 완두콩을 갈아서 향신료를 뿌린 후 동그랗게 빚어 튀긴 크로켓이에요. 마늘, 병아리콩으로 만든 크림, **후무스**를 곁들여 먹어요. 팔라펠은 이집트에서 유래하여 중동까지 널리 알려졌으며 중동에서는 **타미야**라고 불러요.

하와시
납작한 빵 속에 다진 고기, 양파, 파슬리, 고추를 채운 음식. 오븐에 데워 먹으며 간식으로 길거리에서도 많이 먹어요.

코프타
중동 어디서든 만들어 먹는 요리로, 다진 소고기와 양고기를 양파나 향신료와 함께 꼬챙이에 끼워 그릴에 구운 것이에요.

샤와르마
자른 고기(양고기, 닭고기, 칠면조 고기, 소고기, 송아지 고기)를 긴 꼬챙이에 세로로 높게 쌓아 올려 천천히 구운 후 위에서 아래로 잘라 빵과 같이 먹어요.

요건 몰랐지?
식사하면서 마시는 이집트 음료는 매우 다양해요. 따뜻한 음료로는 **카카데**(히비스커스 꽃을 우린 차), 민트차, 아주 작은 잔에 카다멈을 추가해 마시는 아랍 커피가 있어요. 또한 난초 줄기를 빻아서 참깨, 우유, 코코넛을 섞어 만드는 **샤홀라브**가 있어요. 차가운 음료로는 사탕수수, 타마린드, 망고, 레몬, 코코넛 주스를 많이 마셔요.

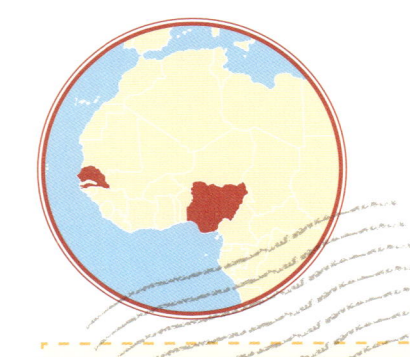

세네갈과 나이지리아

세네갈 요리는 서아프리카에서 가장 풍성하고 개성이 넘쳐요. 세네갈과 그 주변을 지배했던 프랑스, 포르투갈, 그리고 좀 더 북쪽인 모르코의 영향으로 아주 다채로운 음식을 선보이죠. 나이지리아의 경우 다양한 향신료와 풍미가 가득한 음식을 맛볼 수 있어요. 팜유와 땅콩유는 많은 요리에 특유의 맛을 선사해요. 신발을 벗고 카페트에 앉아서 식사를 하는데 함께 먹는 사람들에게 발바닥을 보이지 않아야 해요. 자신이 먹을 만큼의 음식을 오른손으로 접시에서 덜어요. 음식이 부족하지 않다는 것을 보여 주기 위해 그릇을 완전히 비우지 않는 습관이 있어요.

아침 식사

세네갈에서는 치즈, 참치 또는 정어리, 달걀이 안 들어간 식물성 마요네즈 등을 넣은 **바게트**로 하루를 시작해요. 디저트를 좋아하는 사람은 쿠스쿠스(좁쌀 모양 파스타)에 요거트, 건포도, 연유 또는 초콜릿, 잼을 섞어 차게 먹는 **티아크리**가 입에 맞을 거예요. 또 가루 우유를 넣은 인스턴트 커피를 마시거나 정향과 후추를 넣은 커피, **투바**를 뜨겁고 달콤하게 해서 마셔요. 간식으로는 모래에서 볶은 땅콩에 소금·설탕을 뿌린 것, 소금을 뿌린 초록 망고·초록 체리, 짜거나 매운 과일, 말린 대추, 구운 옥수수를 먹어요.

나이지리아에서는 아침에 **마사**라는 음식을 먹는데 쌀을 갈아서 요거트, 설탕을 넣고 발효시킨 요리예요. 반죽을 틀에 넣어서 구운 후 꿀이나 호박 수프와 함께 먹어요. 달콤하게 먹을 수 있는 것으로는 옥수수, 수수, 조를 발효시켜 만든 푸딩 **오기**가 있어요. 짠 음식을 좋아하는 편이라면 쌀, 고구마, 스크램블드에그, 다진 토마토와 양파로 만든 부침개 **시나슬**을 추천해요.

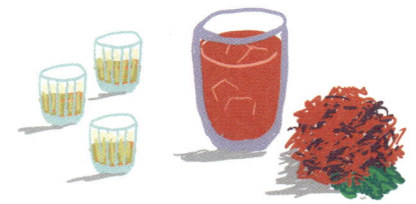

점심과 저녁 식사

세네갈 사람들은 점심을 가장 중요한 식사로 여기며, 때로는 유일한 식사이기도 해요. 타피오카 전분, 조, 아프리카 곡물 중 하나인 **포니오**를 기본 재료로 만든 요리들을 볼 수 있어요. **테부 뎬**은 흔히 먹는 음식인데, 토마토소스를 넣고 팬에 볶은 밥에 생선 튀김과 야채를 곁들이고 새콤한 타마린드 소스를 뿌려 먹는 요리예요. 저녁에는 조와 고기와 야채 소스를 넣어 만든 쿠스쿠스 요리나 샐러드처럼 가벼운 요리를 먹어요. 달콤한 요리로 준비한다면 작은 크로켓과 응고된 우유, 건포도를 먹어요.

나이지리아에서는 향신료를 넣어 풍미가 가득하고 뚜렷한 맛이 나는 요리가 많아요. 직접 요리하지 않고 시장에서 음식을 사서 먹는 사람들도 많아요. 동부콩, 양파, 새우, 캐슈너트를 넣어 만든 부침개도 많이 찾는 음식이에요.

오늘은 어떤 요리?

세네갈

마페
땅콩, 튀긴 고기, 잎채소로 만든 스튜로 밥과 같이 먹어요. 나이지리아에서도 대중적인 요리예요.

숩칸
곰보(오크라라고도 하는 아프리카 식물), 새우, 팜유를 넣고 만든 소스로 항상 밥과 함께 먹어요.

야사
레몬에 절인 닭고기를 튀기거나 그릴에 구워 양파 소스, 밥을 곁들여 먹는 요리예요.

피리르
튀긴 생선에 양파 소스를 뿌려서 샐러드, 토마토, 감자튀김과 함께 식탁에 올리는 음식이에요.

불렛
생선 살을 다져 동그랗게 빚은 것. 빵과 같이 먹어요.

아타야
설탕이 듬뿍 들어간 녹차. 주전자를 높이 들어 작은 유리잔에 부어서 특유의 거품이 생기도록 따라 마셔요. 품질이 뛰어나 많은 이들에게 사랑받는 차예요.

나이지리아

졸로프
영양가가 풍부한 쌀 요리. 기름에 살짝 튀긴 토마토, 으깬 피망을 넣고 볶은 밥이에요. 콩과 익힌 채소로 만든 푸딩, **모이모이**를 곁들여 먹어요.

오파다
고기 스튜, 양파, 매운 소스, 팜유, **플라타노** 바나나와 현미로 만든 요리. 나뭇잎에 올려 접시에 담아요.

오그보노
기름진 씨앗, 망고, 팜유, 송아지 고기, 말린 새우, 잎채소, 토마토, 곰보를 넣고 만드는 수프예요. 흰쌀밥이나 **얌**(감자처럼 생겼어요), 카사바를 곁들여 먹어요.

에구시
대중적인 수프로 다른 서아프리카 나라에서도 먹어요. 멜론이나 호박씨를 넣어 걸쭉하게 만들며 잎채소, 곰보, 토마토, 고추, 양파, 고기 또는 생선이 들어가요.

수야
소금과 향신료, 기름, 땅콩소스로 간을 한 소고기와 닭고기를 꼬챙이에 꽂아 그릴에 구운 후 **오기**를 곁들여 먹어요.

즐겨 먹는 식재료

탄수화물이 풍부한 카사바, **노코스**라는 고추, 말린 생선 **게지**, 말린 땅콩, 생땅콩, 토마토, 양배추, 당근, 팜유, 곰보는 항상 쓰는 재료예요. 크로켓 요리를 만들 때 들어가는 흰콩, 쌉싸름한 채소 **쟈꾸뚜**, 소고기, 양고기, 닭고기도 즐겨 먹어요. 감귤, 망고, 구아바, 패션프루트, 파파야, 대추야자, 코코넛도요.

요건 몰랐지?

테랑가는 세네갈 사람들이 지닌 특유의 환대 정신이에요. 손님에게는 최고의 음식을 대접하고 정성을 다하지요. 나이지리아와 가나는 **졸로프**에 대해 서로 원조라고 주장해요. 그래서 두 나라는 누가 가장 맛있게 만드는지 끊임없이 경쟁해요.

케냐와 소말리아

아프리카의 뿔이라 불리는 동아프리카 요리는 세계에서 가장 역사가 깊다고 알려져 있어요. 아라비아, 인도, 페르시아 문화의 영향이 결합되어 있지요. 이 지역에는 식기를 사용하지 않고 하나의 접시에 음식을 담아 모든 사람이 함께 먹는 관습이 있어요.

아침 식사와 간식

케냐에서는 아침에 **차이티**를 마셔요. 오랫동안 우려서 아주 달콤하게 만들어 마시죠. 카다멈과 계피가 들어간 **마살라 차이**도 있어요. 조와 수숫가루로 만든 죽, **우지**는 아프리카 다른 나라에서도 먹어요. **만다지**는 발효시킨 반죽으로 만든 튀김빵인데 위에 설탕과 계핏가루를 뿌려 간식으로 먹기에도 좋아요.

소말리아에서도 홍차나 연유·정향·설탕을 넣은 향긋한 차, **할리브 샤이**로 하루를 시작해요. 차를 마실 때에는 보통 **칸제로** 또는 **라호흐**(표면에 구멍이 숭숭 뚫린 크레이프)에 **무크마드**(팬에 볶은 고기, 튀긴 소 간, 기름에 담근 육포)를 함께 먹어요. 날씨가 더울 때에는 신선한 과일을 막대 아이스크림처럼 얼려 먹어요. 이걸 **젤라토**라고 해요.

점심과 저녁 식사

케냐 어디서든 하얀 옥수수나 티피오카 전분을 물에 개어 만든 **우갈리**를 맛볼 수 있어요. 케일이나 양배춧잎, 또는 호박잎을 넣고 볶은 **수쿠마위키**와 함께 먹어요.

이탈리아의 식민지였던 소말리아는 토마토소스, 다양한 향신료 그리고 장식용 바나나를 올린 스파게티 요리, **바스토**를 주식으로 먹어요. 아프리카 다른 나라들처럼 좀 뻑뻑한 죽, **소라**도 자주 먹어요. 소라는 하얀 옥수수와 수숫가루로 만들어요. 소라를 한 줌 넣고 끓인 고기와 채소 스튜, **마라크**도 즐겨 먹어요. 마라크는 그냥 우유와 설탕만 넣고 먹기도 해요

오늘은 어떤 요리?

케냐

냐마초마
그릴에 구운 양고기 또는 염소 고기. 살짝 구워서 옥수수죽과 같이 손으로 먹어요.

차파티
인도에서 먹는 것과 똑같은 빵으로 케냐에 철도를 건설하기 위해 온 인도인들이 들여온 음식이에요. 지금은 모든 케냐인이 즐겨 먹고 있어요. 인도의 사모사에서 유래한 **삼부사**(야채와 감자를 넣고 기름에 튀긴 만두)도 마찬가지예요.

이리아
매우 대중적인 음식으로 야채, 감자, 옥수수, 익힌 콩으로 만든 퓌레예요.

무키모
감자, 콩, 플라타노와 옥수수를 으깬 음식이에요.

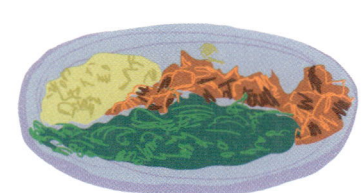

소말리아

빵
사바야드 또는 **키미스**는 살짝 튀긴 빵을 말해요. 아주 얇고 납작하게 생겼어요. **무포**는 티나르라고 부르는 진흙 오븐에 구워 만든 옥수수빵이에요. 잘게 잘라 설탕, 참기름을 뿌리고 홍차에 살짝 담가 먹어요.

부스쿠드 이요 할워
빵이나 과자 위에 정제버터, 향신료(너트메그·카다멈·사프란), 장미수로 만든 쫀득한 젤리 **할워**를 발라 먹어요.

바리스 이스 쿠 카리스
쌀과 염소 그기로 만드는 잔치 음식이에요. 향신료(후추, 고수, 커민, 강황, 계피, 카다멈, 정향)의 배합이 요리 비결이지요. 집집마다 만드는 비법을 갖고 있어요.

캄불로
가장 친근한 저녁 식사 요리로 밥에 삶은 팥, 참기름, 설탕을 섞어 먹는 음식이에요.

에티오피아와 에리트레아

여러 역사적 사건을 함께 겪은 두 나라는 음식 문화도 공유하고 있어요. 빵, 고기와 야채 스튜, 혼합 향신료, 그리고 **커피**가 있지요. 얇고 납작하고 푹신한 빵 **인제라**는 메인 요리를 담을 수 있는 숟가락 역할을 해요. 빵을 올리는 접시 모양에 맞게 동그란 모양으로 만들죠. 오른손으로 빵을 뜯어서 각자 먹을 만큼의 고기와 야채를 위에 덜어요. 짙은 색에 거칠고 두꺼운 빵이면 조와 수숫가루로 만든 것이고 새콤한 맛이 나며 부드럽고 매끈한 옅은 색깔의 빵이면 **테프**라고 하는 현지 곡물을 발효시켜 만든 것이에요. 매운 요리에 어울리는 빵이죠.

아침 식사

인제라는 아침부터 밥상의 주인공이에요. 보통 전날 남은 음식으로 만들죠. **인제라 핏핏**은 빵 조각에 **버르바레**(고추, 정향, 생강, 고수를 섞은 혼합 향신료), 양파, 버터, 고추, 요거트와 남은 스튜를 넣어 만들어요. **끼따 핏핏**은 잘게 자른 팬케이크 같은 것인데 버르바레와 버터, 요거트와 같이 먹어요. 손으로 먹는 다른 음식과는 다르게 끼따 핏핏은 숟가락으로 먹어요. 죽 종류도 매우 다양한데 그중에 **젠포**는 매우 독특해요. 보리나 곡물 가루를 푸딩처럼 구운 죽으로 중앙을 화산 모양으로 파서 버터와 향신료, 버르바레를 넣고 둘레에는 요거트를 뿌려요. 빵 조각을 준비해서 찍어 먹곤 해요. 디저트를 좋아한다면 **파티라**를 먹어 보면 좋아요. 튀긴 팬케이크로 꿀을 뿌려 먹죠. 비위가 좋다면 소나 양의 내장에 고추와 인제라를 넣은 **듈렛**에 도전해 보세요. 낮에 간식이 생각난다면 길쭉하게 튀긴 빵, **다보 콜로**나 팝콘처럼 구운 보리, **콜로**가 있어요.

점심과 저녁 식사

든든하게 챙겨 먹어야 할 때는 스튜 종류를 주로 먹어요. **와트**(에리트레아에서는 써브히라고 불러요)는 고기(소고기, 닭고기, 양고기, 염소 고기), 야채(말린 완두콩 혹은 렌틸콩, 감자, 당근, 케일), **버르바레**, 다진 적양파, 버터를 넣어 만들어요.

익히지 않은 고기 요리 중에 국민 음식으로 불리는 것들이 있어요. **테레세가**는 주사위 모양으로 자른 고기이고 **킷포**는 다진 소고기를 정제버터와 **미트미타**라고 하는 고춧가루 향신료에 절인 음식이죠. 소금에 절이지 않은 고기는 **고르고롯**이라고 불러요. 페타 치즈와 비슷한 **아입**이라고 하는 치즈를 곁들여 먹어요.

오늘은 어떤 요리?

팁시
양고기나 소고기를 잘라 마늘, 양파, 토마토를 넣고 정제버터에 볶은 요리예요.

쉬로
병아리콩, 생강, 다진 토마토, 마늘, 고추로 만든 퓌레.

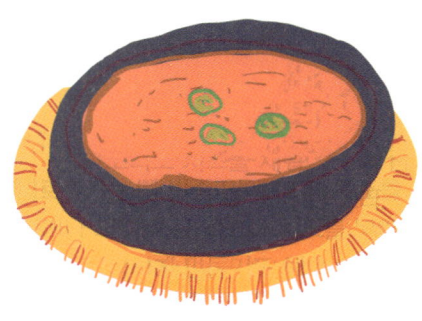

툼투모
렌틸콩, 토마토소스, 버르바레, 마늘, 양파로 만든 요리.

알리차
당근, 감자, 양배추, 양파, 향신료로 만든 요리.

틸로
볶은 보리 가루와 고추, 토마토소스, 버르바레, 양파를 섞어 둥글게 빚은 요리.

헬벳
삶은 잠두콩으로 만든 퓌레. 양파, 고추, 토마토를 넣은 샐러드 **샤한풀**에 곁들여 먹기도 해요.

요건 몰랐지?

에티오피아는 **분나** 커피의 가장 중요한 생산국 중 하나예요. 손님에게 적어도 연속 세 잔의 차를 대접하는 의식이 있고 베레카라고 부르는 마지막 잔은 축복을 의미해요.

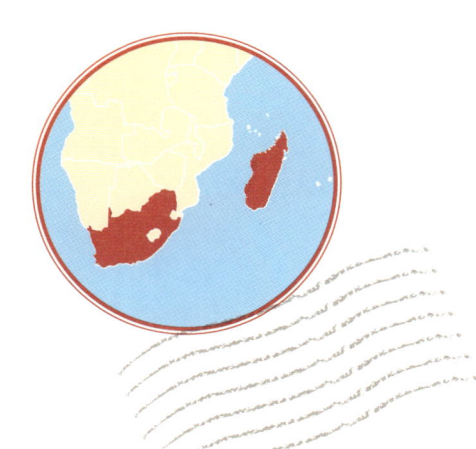

남아프리카공화국과 마다가스카르

600년대 중반부터 남아프리카공화국 토착민들의 음식 문화는 아주 먼 땅(네덜란드, 영국, 프랑스, 포르투갈, 인도네시아, 말레이시아)에서 온 사람들의 것과 섞이는 모습을 볼 수 있어요. 외부인들이 가져온 습관, 맛과 음식은 특별한 생명력을 가지고 있었어요. 기존 음식에 새로운 조리법과 재료들이 어우러지면서 '무지개 식단'이라 부를 정도로 다채로워졌지요.
거대한 섬, 마다가스카르에도 아프리카, 유럽, 아시아 사람들이 거쳐 가며 남긴 문화의 흔적이 남아 있어요. **베리 쌀**은 모든 조리의 기본 재료예요. 그날 밥을 안 먹은 사람은 잠을 잘 수 없다고 말할 정도로 쌀밥을 중요하게 여기지요. 식사 중에는 **라노볼라**라는 것을 마시는데 밥을 지은 냄비 바닥에 남은 누룽지를 끓여서 나온 물이죠.

아침 식사와 간식

남아프리카공화국에서 아침은 늘 **베스쿠잇츠**로 시작해요. 오래된 빵 조각 같아 보이고 실제로도 딱딱한데 그 이유는 오븐에 두 번 굽기 때문이에요. 커피나 홍차 혹은 비타민이 풍부하고 카페인이 없는 특별한 식물, **루이보스** 잎을 우린 차에 적셔서 먹어요. **멜코스**는 버터와 밀가루를 단단한 덩어리로 뭉쳐질 때까지 섞어 주다가 우유를 넣고 계피, 버터를 추가하여 끓인 음식이에요. 아침에는 우유를 호박에 넣고 발효시킨 **아마시**라는 음료를 마셔요. 짭짤한 간식 중 가장 대중적인 것은 **빌통**인데 타조, 영양, 들소 고기를 길쭉하게 잘라 향신료에 절인 후 4일 동안 말린 육포예요. **베트쿠크**도 인기 있는 간식인데, 고기가 들어간 반죽에 꿀이나 잼을 넣어 튀긴 도넛이에요.

마다가스카르에서는 아침부터 흰쌀 혹은 붉은 쌀로 **베리에 소소아** 같은 죽을 만들어 먹어요. 아침으로 과일도 많이 먹어요. 코코넛, 망고, 파인애플, 아보카도, 리치, 바나나 등은 디저트로도 활용하죠.

점심과 저녁 식사

남아프리카공화국 사람들은 외식하는 것을 즐겨요. 특히 다른 나라 음식을 맛볼 수 있는 식당을 좋아하죠. 집에 있을 때, 특히 주말에는 **브라이**라고 하는 바비큐를 하는데 그릴에 다양한 부위의 고기와 매운 소시지 **부르보스**, 양파, 고추, 버섯, 살구나 말린 자두를 넣고 소금에 절인 꼬치 **소사티스**를 구워 먹어요.

마다가스카르에서는 점심과 저녁에도 쌀밥이 주인공이에요. 밥을 곁들여 먹는 음식은 매우 다양해요. 가장 유명한 요리로는 고기나 생선에 콩을 넣은 **보안조보리 시에나키쏘아**가 있어요. 고구마잎과 말린 새우를 끓인 **라빔보망가 시팟차메나**도 자주 먹는 음식이에요. 양배추, 당근, 콩, 양파에 식초를 넣어 스튜로 만든 **라사리**나 홍고추와 풋고추를 넣고 만든 **사카이** 같은 음식에도 쌀밥을 곁들여 먹어요.

오늘은 어떤 요리?

남아프리카공화국

차카라카
거칠게 빻은 옥수수로 만든 죽. 토마토, 양파, 마늘, 콩으로 만든 매운 소스로 양념하여 밋밋한 요리에 넣어 먹어요.

보보티
다양한 풍미가 가득한 음식으로 카레, 생강, 마요라나, 레몬 껍질로 간을 한 다진 고기에 건포도와 말린 살구를 넣은 요리예요. 우유와 달걀을 적신 빵을 위에 덮어 놓으면 굽는 동안 부드러운 껍질처럼 변해요.

푸투팝 또는 크루멜팝
하얀 옥수숫가루로 만든 달콤한 죽. 우유, 설탕 또는 소금을 넣어 고기나 매운 소시지 요리에 곁들여 먹어요.

팝
남아프리카공화국에서 팝은 죽을 뜻해요. 점심이나 저녁 식사 때 자주 등장하는 **밀리팝**은 하얀 옥수숫가루로 만든 죽인데 고기 소스와 함께 먹어요. 수숫가루로도 만들 수 있는데 며칠 동안 발효시키면 더 깊은 맛이 나요.

베리 아미나나나
주사위 모양으로 썬 고기와 야채, 쌀을 넣고 만든 요리.

고드로-고드로
코코넛밀크로 만든 푸딩.

로마자바
소고기·토마토·양파·생강을 넣고 끓인, 국물이 많은 스튜. 노란 꽃을 피우는 **아나말라오**라는 식물을 넣어 매운 맛을 더해 줘요. 마다가스카르를 대표하는 음식이죠.

마다가스카르

포이키코스
고기, 야채, 맥주를 넣어 끓이는 전통 스튜. 야외에서 아주 무거운 가마솥, 포이키에 끓여요.

라비토토 시에나키쏘아
코코넛밀크, 카사바 잎을 넣은 돼지고기 스튜.

아산푸딩과 말바
매우 대중적이고 서로 비슷한 푸딩으로 밀가루, 달걀, 버터, 살구잼으로 만들어요. 식초 시럽, 설탕을 넣어 굽고 크림이나 아이스크림을 곁들여 먹어요.

디저트
유명한 디저트로는 스파게티, 향신료, 우유, 설탕, 녹말, 장미수, 아몬드로 만드는 **부버**가 있어요. **쿡시스터**는 꽈배기 모양의 반죽을 튀겨 차가운 설탕시럽에 담근 빵이에요. 겉은 바삭하지만 속은 부드러운 디저트예요.

세상의 모든 빵

빵은 전 세계 모든 사람들을 하나로 묶어 주는 음식이에요. 밀가루와 물만 있으면 반죽을 해서 다양한 모양이나 식감, 맛을 지닌 빵을 만들어 낼 수 있죠. 어떤 곡물을 사용했는지, 효모를 얼마나 사용했는지, 발효를 얼마나 시켰는지, 반죽을 어떻게 했는지, 어떻게 구웠는지에 따라 제각각 달라지죠. 우리가 오늘날 알고 있는 빵은 비교적 짧은 역사를 가지고 있어요. 옛날에는 발효 과정을 이해하고 조절하기가 쉽지 않았고, 곡물도 지금처럼 곱고 순수하지 않았어요. 그래서 옛날 사람들은 지금과는 매우 다른 거칠고 소화하기 어려운 빵을 먹었지요. 자, 이제 세상을 한 바퀴 돌면서 특징에 따라 구분한 빵의 세계로 들어가 보아요.

발효시키지 않은 빵
아시아 일부 나라에서 주식으로 먹는 **라이스페이퍼**
유대인들의 빵 **맛초**
이탈리아 사르데냐 지역에서 먹는 **카라사우**
북아프리카와 중동에서 먹는 아주 얇은 빵 **와르카와 브릭**
이런 빵들은 여러 속재료를 감싸는 용도로도 사용해요.

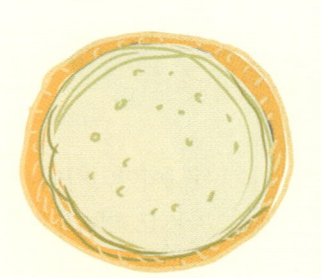

한 겹으로 된 납작한 빵
인도의 **아팜, 호퍼**
인도, 파키스탄, 방글라데시, 네팔, 스리랑카에서 두루 먹는 **차파티, 로티, 파라타, 난**
중남미의 **토르티야**
이탈리아의 **피아디나**
메밀가루로 만든 영국의 **갈레트**
러시아의 **블리니**
에티오피아와 에리트레아의 **인제라**와 소말리아의 **칸제로**
모로코의 **무세멘**
터키의 유프카와 중동 전역에서 먹는 **라바쉬**

바삭한 빵
밀가루 또는 여러 종류의 혼합 밀로 만들어요. 유럽에서는 오븐에 구워 바로 먹는 빵이죠.
샌프란시스코의 **사워도우**
프랑스의 **바게트**
이탈리아의 **치아바타, 알타무라 빵, 시칠리아 빵**
스칸디나비아의 **림파**
아일랜드의 **소다빵**

두 겹으로 된 납작한 빵
오븐에서 고온으로 구운 빵으로, 팽창한 반죽 사이에 기포가 생겨 두 겹이 돼요.
속에 재료를 넣어 먹기에 좋아요.
이집트의 **발라디**
그리스와 중동 전역에서 먹는 **피타**

식빵 또는 속이 꽉 찬 빵
미국와 영국, 유럽 일부 나라의 전통 빵이에요. 설탕과 기름기가 많은 재료를 넣고 사각 틀에 구워요.
미국의 **아나다마 빵**
카리브 제도와 중남미에서 두루 먹는 **판 데 코코**
영국의 **스플릿 틴**, **번**, **머핀**, **크럼펫**
스위스의 **부터춉프**
프랑스의 **판브리오체**
유대인들의 전통 요리에 곁들이는 **비알리**와 **찰라**

호밀빵
정제하지 않은 호밀 또는 덜 정제된 밀가루로 만든 빵이에요. 보통 조각으로 잘라서 먹어요.
스웨덴의 **카브링**
독일의 **품퍼니켈**과 **로겐브로트**, **폴콘브로트**
아이슬란드의 **룩브라우트**와 덴마크의 **루그브뢰드**

소다에 담갔다 구운 빵
물에 희석한 소다에 담갔다가 구워요. 속이 매우 촘촘하고 마른 빵이에요.
미국의 **베이글**
프랑스 알자스 지역과 독일 바이에른 지역의 **브레첼**
프랑스 브르타뉴 지역의 **크라클랭**

건조하고 바삭하게 구운 빵
호밀을 기본으로 하지만 북유럽에서는 보리나 다른 곡물 가루를 넣기도 해요.
이탈리아의 **페테 비스코타테**와 **그리시니**
네덜란드의 **제백**
스웨덴을 비롯한 스칸디나비아 지역에서 두루 먹는 **크내케브뢰트**

발효시킨 후 냄비에 찐 빵
식감이 말랑하고 부드러운 게 특징이에요.
중국의 **만터우**와 **바오쯔**
남아메리카의 **아야카**와 **보요**

짭짤하거나 속을 채운 빵
일본의 **안빵**
인도의 **사모사**와 중동의 **삼부삭**
스페인과 남아메리카의 **엠파나다**
영국을 비롯한 영어권 나라에서 먹는 **코니쉬 패이스티**와 **파이**
이탈리아의 **피자**와 **포카치아**
이탈리아 카탈루냐 지역의 **코크**
프랑스 프로방스 지역의 **피살라디에르**
러시아의 **비어락**과 **쿨레비아카**

설탕이 뿌려진 빵
만들고 장식하는 데 손이 많이 가며, 대개 축제 때 먹어요. 과자의 조상이라고 할 수 있죠.
멕시코의 **팡 데 무에르토**
프랑스 알자스 지역, 독일, 오스트리아, 폴란드의 **구겔호프**
이탈리아의 **파네토네**
스위스의 **비른브로트**
그리스 크레타 섬의 **소블리아**
아프리카의 **모우나**

세상의 모든 음료

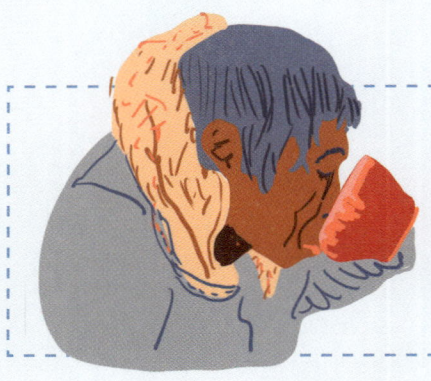

물과 우유는 오래 전부터 우리 삶에 필수적인 요소였어요. 인류의 첫 음료였다고 할 수 있죠. 문명이 발달하면서 주변에서 나는 식물을 이용해 음료를 만들기 시작했고, 나중에는 발효 과정을 이용해 알코올음료, 즉 술도 만들 수 있게 되었지요.

알코올이 들어가지 않은 음료

주로 과일이나 채소를 갈아서 주스를 만들어요. 그 밖에도 더욱 정교한 방법으로 음료를 만들어 낼 수 있어요.

식물성 음료

과일 주스는 주로 감귤류(오렌지, 레몬, 자몽, 귤)나 석류, 파인애플, 산딸기, 포도를 압착해서 만들어요. 토마토, 당근, 셀러리, 오이, 무 같은 야채로도 주스를 만들어 먹어요. 타이거너트의 덩이줄기를 갈아서 만드는 **오르차타**는 스페인과 남아메리카에서 즐겨 마시며, 아프리카에서는 **쿠누**라는 음료로 알려져 있어요. 야생 난초의 뿌리를 말려서 끓여 마시는 **살렙**은 터키와 중동에서 매우 인기 있어요.

카카오나무 씨를 말리고 발효시키면 코코아버터를 만들 수 있는데, 이것은 초콜릿과 **핫초코**의 재료가 되지요.

식물성 우유는 씨나 열매를 빻아서 얻은 농축액에 물을 섞은 거예요. 식물성 우유의 재료로는 곡물(쌀, 귀리, 보리, 밀, 조), 콩(대두, 완두콩, 땅콩, 루핀), 풀 열매(퀴노아, 대마, 참깨, 해바라기), 나무 열매(코코넛, 아몬드, 헤이즐넛, 캐슈너트, 대추야자)가 있어요.

우리고 달인 음료

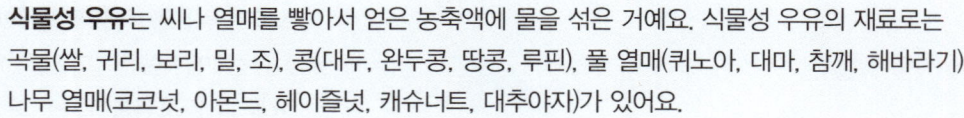

우린다는 것은 잎, 꽃, 나무껍질, 뿌리, 씨앗, 열매에서 특정한 성분과 향을 추출해서 물이나 다른 액체에 담그는 것을 말해요. 이렇게 만든 음료는 수천 년 전부터 마셨고, 약으로도 사용해 왔어요. 남아메리카의 **마테 차**와 **과라나 차**가 이런 종류의 음료죠. 달인다는 것은 식물의 뿌리, 껍질, 씨앗을 물에 넣고 끓이는 거예요. 남아메리카의 **아구아 데 타마린도**는 타마린드 열매를 물에 넣고 끓인 후 설탕을 넣어 만든 음료예요. 서아프리카에서는 카페인이 많이 들어 있는 콜라나무 열매로 다양한 음료를 만들어 내는데, 이 열매는 **콜라**의 재료가 되기도 해요.

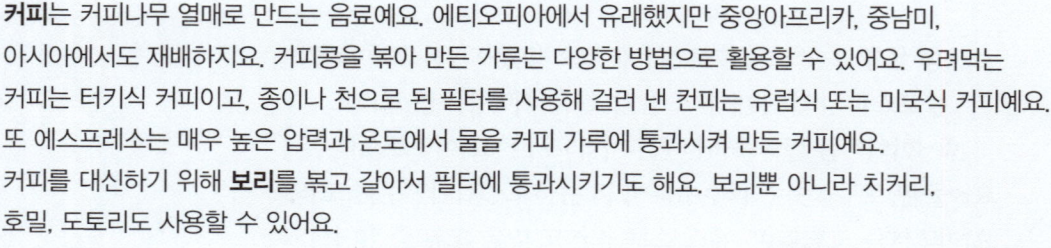

커피는 커피나무 열매로 만드는 음료예요. 에티오피아에서 유래했지만 중앙아프리카, 중남미, 아시아에서도 재배하지요. 커피콩을 볶아 만든 가루는 다양한 방법으로 활용할 수 있어요. 우려먹는 커피는 터키식 커피이고, 종이나 천으로 된 필터를 사용해 걸러 낸 컨피는 유럽식 또는 미국식 커피예요. 또 에스프레소는 매우 높은 압력과 온도에서 물을 커피 가루에 통과시켜 만든 커피예요. 커피를 대신하기 위해 **보리**를 볶고 갈아서 필터에 통과시키기도 해요. 보리뿐 아니라 치커리, 호밀, 도토리도 사용할 수 있어요.

세계에서 제일 많이 마시는 음료인 **차**는 뜨거운 물에 말린 잎을 우려서 만들어요. 수백 가지 종류의 차가 있는데, 어떤 과정을 거친 잎을 사용했는가가 중요해요. 만약 증기에 쪄서 말린 잎이라면 **녹차**가 될 테고, 반쯤 발효시켰다면 **우롱차**, 완전 발효시켰다면 **홍차**가 돼요.

우유가 들어간 음료
우유는 갓 태어난 아기에게 몇 개월 동안 영양분을 공급하지요. 많은 사람들이 어른이 되어서도 계속 우유를 마셔요. 차게 또는 따뜻하게 마시며 때로는 코코아 가루나 커피를 넣어 맛을 더해요. 차갑게 해서 과일이나 시럽을 넣어 먹기도 해요. **프라페**에도 우유가 들어가요. 과일이나 아이스크림, 요거트를 함께 넣지요.

알코올이 들어간 음료
알코올음료, 즉 술을 만드는 방법에는 발효, 증류 등 여러 가지가 있어요.

발효주
와인은 포도로 만든 술이에요. 포도 열매에서 추출한 즙이 효모와 결합하면 알코올이 있는 새로운 성분이 되는 거예요. 포도나무의 품종, 토양의 성질, 기후, 가공 방법에 따라 저마다 독특한 와인이 탄생하지요. 와인을 생산하는 주요 나라는 이탈리아, 프랑스, 스페인, 미국과 오스트레일리아예요.

맥주는 보리를 발효시켜 만든 술로, 물과 차 다음으로 많이 먹는 음료예요. 보리에 싹을 틔워 맥아로 만든 뒤 분쇄하여 물에 섞어요. 여기에 효모와 홉이라는 식물을 첨가해 발효시켜요. 이렇게 만들어진 액체는 특유의 향과 맛을 지니게 돼요. 기후와 토양에 따라 맛이 달라지는 것이 아니라 가공 방법에 따라 맛이 달라지지요. 거의 모든 나라에서 만들지만 중국, 미국, 브라질, 멕시코, 독일이 주요 생산국이에요.

사과주는 프랑스 북부 지역, 스페인 바스크 지역, 영어를 쓰는 영미권 나라에서 많이 먹는 술이에요. '사이다'라고도 부르며, 주로 사과로 만들지만 배를 넣어서 만들 수도 있어요.

봉밀주는 물과 꿀을 섞어 만드는 술이에요. 인간이 만든 가장 오래된 발효 음료지요.

크바스는 러시아에서 즐겨 먹는 술이에요. 물이나 자작나무 수액에 빵 조각, 곡물 또는 과일을 담가 발효시켜 만들어요.

사케는 일본의 전통 술이에요. 쌀을 누룩으로 발효시켜 맑게 걸러 내지요.

증류주
증류주의 한 종류인 **브랜디**는 발효 과정을 거친 과실주를 증류시켜서 더 높은 도수의 알코올을 생성시킨 술이에요. 지역에 따라 여러 브랜디가 있어요. 페루와 칠레의 전통주인 피스코는 포도주를, 이탈리아의 전통주인 **그라파**는 포도를 압착하고 남은 껍질과 찌꺼기를, 그리고 프랑스의 **칼바도스**는 노르망디 지역의 시드르(사과즙을 발효시켜 만든 발효주)를 증류하여 만들어요.
럼과 브라질의 전통주인 **카샤사**는 사탕수수의 원액을 증류하여 만들며, 멕시코의 **데킬라**와 **메스칼** 그리고 **풀케**는 용설란으로 만든 증류주예요. 그 밖에도 과일을 이용한 증류주로 버찌를 이용한 독일의 **키르슈**와 자두를 이용한 동유럽 전통주 **슬리보비츠**가 있어요. 곡물을 증류해서 만든 술로는 **위스키**와 **진**, **보드카**가 있어요. 위스키는 보리, 밀, 호밀, 옥수수를 진은 밀과 보리를 원료로 써요. 특히 진은 발효 중에 각종 풀과 뿌리, 향신료로 넣어요. **보드카**는 호밀, 옥수수, 수수와 같은 곡물뿐 아니라 감자도 원료로 사용해요.

리큐어
알코올에 허브나 과일을 담근 후 물과 설탕시럽 그리고 필요에 따라 색소를 넣어 만드는 술이에요. 이탈리아의 **아마로**는 소화를 돕는 허브인 용담, 루바브, 치나 같은 재료를 쓰지요. 또 **칵테일**은 여러 종류의 양주와 음료, 향료를 섞어 만드는 술을 말해요.

세상의 모든 향신료

향신료는 음식에 맛을 더하고, 상하지 않게 하며, 잘 소화될 수 있도록 해 줘요. 아시아에서 유럽으로 전파되었으며, 아메리카에서는 오랜 옛날부터 사용했지요. 동양의 향신료 무역은 역사적으로 매우 중요한 경제적, 문화적 자원이었어요. 오늘날에는 세계 많은 요리에 향신료가 사용돼요. 때로는 바질, 오레가노, 타임, 파슬리, 세이지, 로즈마리 같은 허브를 대체하기도 하지요. 향신료는 보통 건조시켜 만들기 때문에 오래 보관할 수 있다는 장점이 있어요.

아시아

인도는 수많은 향신료와 허브를 생산하고 소비하는 대표적인 나라예요. 인도 전역에서 공통적으로 사용하는 것은 **사프란**, **계피**, **고추**, **고수**, **카다멈**이에요. 또 인도에서는 다양한 향신료를 혼합한 마살라를 즐겨 사용하지요. 북쪽 지역의 마살라는 **카다멈**, **계피**, **생강**, **너트메그**가 많이 들어가요. 벵골 지역의 마살라인 판치 포론도 유명한데, **호로파 씨**, **커민**, **흑겨자** 등이 주재료예요.
중국 요리는 넓은 영토만큼이나 다양해요. 세계적으로 유명한 요리가 많지만 향신료 사용은 자제하는 편이에요. 하지만 광둥 요리에서는 **고수**, **생강**, **고추**, **정향**, **참깨**를 사용하죠. 또 쓰촨 요리는 중국에서 제일 매운 요리로 알려져 있는데, **고추** 외에도 **후추**, **산초**, **아니스**, **정향** 등을 사용해요.
일본 요리는 중국의 영향과 사찰 요리의 영향을 많이 받았어요. 향신료는 적게 쓰고 해조류와 콩을 많이 사용해요. 매운 맛을 낼 때는, **고추냉이**를 으깬 와사비 소스를 주로 사용하지요. 베트남에서는 **강황**, **갈랑가**, **고추**를 많이 사용해요. 타이의 카레 소스는 강황과 다양한 향신료, 코코넛밀크를 섞어 만들어요. 타이에서는 매운 **고추**와 **고수**도 즐겨 쓰는데, 특히 고수는 생선 요리에 많이 들어가요. **생강**, **정향**, **아니스**, **계피**, **카다멈**도 타이 요리의 중요한 향신료예요.

남태평양

인도 향신료 **강황**은 말레이시아와 인도네시아 음식에도 폭넓게 사용돼요. **고추**, **고수**, **생강**, **갈랑가**도 많이 사용하는 편이에요. 삼발 소스는 만드는 방법에 따라 그 맛이 다양하지만 식초에 절인 **고추**는 항상 들어가요. 필리핀에서 가장 많이 사용하는 향신료는 **정향**, **계피**, **생강**, **아니스**, **강황**, **너트메그**예요. 오스트레일리아에서는 동남아시아에서 전파된 요리의 영향으로 **생강**과 **고수** 맛을 자주 볼 수 있어요.

북아메리카

미국 요리는 풍미가 좋은 재료가 많이 들어가고 케첩과 머스터드소스도 자주 사용하지만, 전체적으로 봤을 때 향신료 사용은 비교적 적은 편이에요. **계피**는 다양한 디저트에 사용되고 **고추**는 텍사스, 애리조나, 뉴멕시코에서 주로 사용하죠. 루이지애나는 유럽과 아프리카